KB107249

2020년 대비 사회복지사

핵심 사회복지법제론

박 승 두 저

신세림출판사

머리말

이 책은 사회복지사 1급 자격증 취득을 위하여 '사회복지법제론'을 공부하는 분들이 쉽게 이해할 수 있도록 핵심적 내용만 추렸다. 그리고 대학교에서 교재로도 사용할 수 있도록 체계적으로 정리하였다.

사회복지법제론 공부를 시작하는 분들께 드리고 싶은 말이 있다. 시험문제가 객관식으로 출제된다고 하여 처음부터 객관식 위주로 공부하면 성적이 잘 오르지 않는다는 점이다. 반드시 기초적 사항을 충실히 공부하고 나서 객관식으로 집중 훈련을 하여야 고득점을 할 수 있다는 점을 명심하여야 한다.

아무쪼록 이 책이 사회복지법제론을 공부하는 분들께 많은 도움이 되어서 우리나라 사회복지의 발전에 조금이라도 이바지하기를 바란다.

뜻 깊은 2·8 독립선언 100주년을 맞으며…
2019년 2월 8일
박 승 두 씀

『목 차』

제1장 사회복지법제의 기초이론

제1절 사회복지법제의 개념과 기능

제2절 사회복지청구권의 보장

제3절 사회복지법제의 탄생과 발전

제4절 사회복지법제의 지위

제5절 사회보장제도의 운영 원칙

제6절 사회보장급여와 재정

제2장 기초생활 보장 법제

제1절 기초생활급여 보장 법제

제2절 기초 및 장애인연금 보장법제

제3절 위기자 긴급지원 법제

제3장 사회적 재해 보장 법제

제1절 사회적 재해 보장의 기본원리

제2절 5대 사회보험제도

제4장 특별보호 법제

제1절 특별보호의 기본원리

제2절 아동 보호법제

제3절 장애인 보호법제

제4절 노인 보호법제

제5절 사회적약자 보호법제

제5장 사회복지서비스 관련 법제

제1절 사회복지서비스의 기본원리

제2절 사회복지사업법제

제3절 사회복지서비스 법제

〈표 목 차〉

제 1 장 사회복지법제의 기초이론

제 1 절

사회복지법제의 개념과 기능

I. 사회복지법제의 개념

1. 사회복지의 개념

복지(Welfare)는 fare well(잘 되어가다. 운이 좋다. 편히 살아 가다)에서 유래하였다.[1] 따라서 **사회복지**(Social Welfare)는 **모든 국민이 최소한의 건강하고 문화적인 생활을 할 수 있게 하는 국가·지방자치단체·민간의 활동**이라고 정의할 수 있다.

헌법은 국가에 대하여 국민의 사회보장, 사회복지의 증진을 위하여 노력하여야 한다고 규정하고 있지만(제34조 제2항), 정작 사회복지가 무엇인지에 관하여는 아무런 규정도 없다. 그리고 이를 규정한 하위법률도 없다.

---

[1] 신섭중譯, 「국제사회복지」(1999), 31면.

따라서 해석에 의할 수밖에 없는데, ① 이를 가장 좁게 보는 견해는 아동복지·장애인복지·노인복지에 한정하고(**최협의설**), ② 다음은 기초생활보장까지 포함하고(**협의설**), ③ 더 확대하여 국민건강보험이나 국민연금 등 사회보험을 포함하고(**광의설**), ④ 나아가 사회복지사업(사회복지서비스)까지 포함하는 견해가 있다(**최광의설**). 이에 관하여 필자는 마지막 최광의설을 지지한다.[2]

사회보장기본법[3]은 사회복지와 유사한 개념인 **사회보장**에 관하여, "출산, 양육, 실업, 노령, 장애, 질병, 빈곤 및 사망 등의 사회적 위험으로부터 모든 국민을 보호하고 국민 삶의 질을 향상시키는 데 필요한 소득·서비스를 보장하는 **사회보험, 공공부조, 사회서비스**"라고 정의하고 있다(제3조).

그리고 ① **사회보험**은 국민에게 발생하는 사회적 위험을 보험의 방식으로 대처함으로써 국민의 건강과 소득을 보장하는 제도, ② **공공부조**(公共扶助)는 국가와 지방자치단체의 책임 하에 생활 유지 능력이

---

2) 최광의설에 의하면, **사회복지와 사회보장은 동일한 개념**이다.

3) 이 법은 1995년 12월 30일 법률 제5134호로 제정되어, 1996년 7월 1일부터 시행되었으며, 다음부터 '기본법'이라 한다.

없거나 생활이 어려운 국민의 최저생활을 보장하고 자립을 지원하는 제도, ③ **사회서비스**는 국가·지방자치단체 및 민간부문의 도움이 필요한 모든 국민에게 복지, 보건의료, 교육, 고용, 주거, 문화, 환경 등의 분야에서 인간다운 생활을 보장하고 상담, 재활, 돌봄, 정보의 제공, 관련 시설의 이용, 역량 개발, 사회참여 지원 등을 통하여 국민의 삶의 질이 향상되도록 지원하는 제도라고 정의한다.

이상의 내용을 정리하면, 아래와 같이 사회보장법을 아래 〈표 1〉과 같이 5단계로 이해한다.

〈표 1〉   사회보장법의 5단계론

구 분	사회보장		근거 법률
5단계	기 타		-
4단계	사회서비스	민간	사회복지사업법
3단계		공공	특별보호법(협의의 사회복지법)
2단계	사회보험		국민건강보험법 등 5대 사회보험법
1단계	공공부조		국민기초생활보장법 등

그리고 사회복지사업법은 **사회복지서비스**에 대하여 "국가·지방자치단체 및 민간부문의 도움을 필요로 하는 모든 국민에게 사회보장기본법에 따른 **사**

회서비스 중 **사회복지사업을 통한 서비스**를 제공하여 삶의 질이 향상되도록 제도적으로 지원하는 것"이라고 정의하고 있다(제2조 제6호).

따라서 사회서비스와 사회복지서비스를 비교하면 아래 〈표 2〉와 같다.

〈표 2〉   사회서비스와 사회복지서비스의 관계

구 분		제공 주체	관련 법률
사회 서비스	**민간 사회서비스 (사회복지서비스)**	민간	사회복지사업법
	공공 사회서비스	국가, 지방자치단체	특별보호법 (협의의 사회복지법)

2. 사회복지법제의 개념

위에서 본 바와 같이, 사회복지의 개념이 명확히 정립되지 못하고 있으므로, 사회복지법의 개념 또한 확립되지 못하고 있다.

사회복지법제는 **국가의 입장**에서 보면 국민에 대하여 사회복지를 제공하기 위하여 구체적 내용과 절차, 방법 등을 규정한 법제이며, **국민의 입장**에서 보면 국민의 사회복지청구권을 실현하기 위한 법제이다.
그 내용은 아래 〈표 3〉과 같다.

〈표 3〉   사회복지법제의 분류

구 분	법 률 명
기본법	「사회보장기본법」,「사회보장급여의 이용·제공 및 수급권자 발굴에 관한 법률」
사회복지 서비스 관련법률	「사회복지사업법」,「사회복지사등의 처우 및 지위 향상을 위한 법률」,「성매매방지 및 피해자보호 등에 관한 법률」, 「정신건강증진 및 정신질환자 복지서비스 지원에 관한 법률」,「성폭력방지 및 피해자보호 등에 관한 법률」,「입양특례법」,「일제하 일본군위안부 피해자에 대한 생활안정지원 및 기념사업 등에 관한 법률」,「사회복지공동모금회법」,「가정폭력방지 및 피해자보호 등에 관한 법률」, 「농어촌주민의 보건복지증진을 위한 특별법」,「식품등 기부 활성화에 관한 법률」,「보호관찰 등에 관한 법률」
사회보험 관련법률	「국민건강보험법」,「국민연금법」,「산업재해보상보험법」, 「고용보험법」,「노인장기요양보험법」
협의의 사회복지 관련법률	「아동복지법」,「영유아보육법」,「노인복지법」,「장애인복지법」,「장애인활동 지원에 관한 법률」,「장애아동 복지지원법」,「발달장애인 권리보장 및 지원에 관한 법률」,「장애인·노인·임산부 등의 편의증진 보장에 관한 법률」, 「한부모가족지원법」,「다문화가족지원법」,「청소년복지 지원법」,「북한이탈주민의 보호 및 정착지원에 관한 법률」
공공부조 관련법률	「국민기초생활보장법」,「의료급여법」,「주거급여법」,「기초연금법」,「장애인연금법」,「긴급복지지원법」,「노숙인 등의 복지 및 자립지원에 관한 법률」

3. 사회복지법제의 법원(法源)

법원(法源)은 법의 연원(淵源), 즉 법의 존재형식을 말한다.

가. 국내법

(1) 성문법 혹은 실정법

헌법 및 사회복지관련 법률, 명령, 규칙 등이 있고, 지방자치단체의 자치입법권에 의한 **조례 및 규칙** 등이 있다.[4]

(2) 불문법

관습법, 판례법, 조리(條理) 등이 있다.

---

4) **헌법 제117조** ① 지방자치단체는 주민의 복리에 관한 사무를 처리하고 재산을 관리하며, 법령의 범위안에서 자치에 관한 규정을 제정할 수 있다.

지방자치법 제22조(조례) 지방자치단체는 법령의 범위 안에서 그 사무에 관하여 조례를 제정할 수 있다. 다만, 주민의 권리 제한 또는 의무 부과에 관한 사항이나 벌칙을 정할 때에는 법률의 위임이 있어야 한다.

지방자치법 제23조(규칙) 지방자치단체의 장은 법령이나 조례가 위임한 범위에서 그 권한에 속하는 사무에 관하여 규칙을 제정할 수 있다.

지방자치법 제24조(조례와 규칙의 입법한계) 시·군 및 자치구의 조례나 규칙은 시·도의 조례나 규칙을 위반하여서는 아니 된다.

나. 국제법

국가간에 체결된 **조약**(條約)도 국내법과 같은 효력을 가진다. 특히, 사회복지법 분야에서는 다른 나라와 체결한 **사회보장협정**도 있다.5)

국제법의 법원(法源)으로 국제사법재판소(ICJ)는 ① **조약**,6) ② **국제관습**, ③ **법의 일반원칙**을 인정하고, 법칙결정의 보조수단으로서 ④ **판례와** ⑤ **학설**을 인정하고 있다.

II. 사회복지법제의 기능

1. 정치적 기능

사회복지법제의 기능 중에서 가장 중요한 의미를 지니는 것은 정치적 안정화 기능이라고 말할 수 있다.

---

5) 이에 관한 구체적인 내용은 "국제법과의 관계" 참조.

6) 조약(treaty)은 "문서에 의한 국가간의 합의"이며, 그 명칭에는 상관없다.

모든 국민에게 **인간다운 생활을 보장**하고 **사회의 안정과 국가의 번영**을 추구한다. 그리고 지방자치에 의한 **민주주의의 실현**에도 기여하는 효과가 있다.

2. 경제적 기능

사회복지법제는 국가가 직접적으로 개입하여 실질적 의미의 평등을 실현하기 위하여 **소득재분배기능**을 수행한다. 그리고 자본주의 경제의 구조적인 모순점인 자본의 독점과 상대적 빈곤의 문제를 해결하기 위하여 일부 사회주의 요소를 도입함으로써 **자본주의 경제체제를 수정·보완**하는 기능을 수행한다.

3. 사회적 기능

사회복지법제는 **사회적 연대의식을 형성**한다. 이와 같은 사회동화적 기능의 강화는 소외계층의 **사회에 대한 부정적 심리**[7]를 **약화**시키고 **사회파괴적 요인을 축소**시켜 나감으로써, 사회범죄의 최소화에도 기여한다.

---

7) 프랑스의 사회학자 **에밀 뒤르켐**(E.Durkheim)은 그의 저서 '자살론'에서 "사회구성원의 행위를 규제하는 공통된 가치나 도덕적 규범이 상실된 혼돈상태"를 **아노미**(Anomie)현상이라고 불렀다.

제 2 절

사회복지청구권의 보장

Ⅰ. 사회복지청구권의 보장 배경

인간다운 생활을 할 권리를 헌법에서 보장한 배경을 보면, 근대 시민법은 "이념적으로 평등한 인간상"을 전제로 소유권 절대의 원칙과 계약자유의 원칙을 확립하였다. 이는 **봉건제도에서의 왕과 영주에 의한 지배, 즉 인치주의(人治主義)를 법률에 의한 지배, 즉 법치주의(法治主義)로 발전시켰다.**

그러나 자본주의의 성장과 더불어 현실적으로 인간은 **강자와 약자**로 나누어지게 되고, 강자와 약자간의 계약은 형식상으로 자유스럽게 행해졌으나 그 계약의 실질적 내용은 차별적이거나 불공평할 수밖에 없게 되었다.

따라서 당초 모든 인간에게 부여되었던 자유와 평등은 강자의 약자에 대한 지배를 통하여 오히려 **부자유와 불평등**을 낳게 되었다.

이는 다시 법치주의(法治主義)를 인치주의(人治主義)로 되돌리는 결과를 초래하였다.

이러한 문제점을 해결하기 위하여 근대 시민법원리를 수정하여 **인간다운 생활권8)**을 보장하게 된 것이다. 이로써 **다시 인치주의(人治主義)를 극복하고 법치주의(法治主義)를 확보하였다.**

II. 헌법상 사회복지청구권의 보장

1. 사회복지청구권의 보장 내용

우리나라 헌법은 사회복지청구권을 직접 규정하고 있지 않지만, **해석상 이를 인정**하고 있다. 그 이유는 제34조 제1항에서 국민의 인간다운 생활권을 규정하고 있고, 제34조 제2항에서 국가에 대하여 사회복지 증진의무를 부과하였기 때문에, 국민은 인간다운 생활권의 기초인 사회복지청구권을 가진다.

---

8) 인간다운 생활을 보장하기 위한 국민의 기본권을 학자에 따라 **생활권적 기본권, 생존권적 기본권, 사회적 기본권** 등으로 부른다. 이에 관한 구체적인 설명은 "사회법과의 관계" 참조.

〈표 4〉　　　　　　　헌법상 사회복지청구권

헌법 규정	해 석
국민의 인간다운 생활권	⇒ 국민의 사회복지청구권
국가의 사회복지 증진의무	

　모든 국민은 국가에 대하여 인간다운 생활을 위하여 기본적인 사회복지급여 및 서비스를 청구할 수 있다. 그러나 헌법에서 규정하고 있는 사회복지청구권은 추상적이기 때문에 현실적인 사회복지행정의 기준으로 삼기 곤란하므로, 헌법에서 규정하고 있는 **사회복지청구권의 구체적인 기준과 현실적인 사회복지행정의 집행절차**를 사회복지법제에서 규정하고 있다.

2. 헌법상 사회복지청구권 보장의 의의

가. 상위규범성

　헌법에서 사회복지청구권을 보장하지 않고 실정 사회복지법률에서만 이를 보장하고 있는 국가에 비하여 사회복지청구권의 보장규정이 **더욱 강력한 효력**을 가진다고 보아야 한다.

나. 국가의 의무규범성

우리나라에서는 헌법에서 사회복지청구권을 보장하는 규정을 두고 있다. 따라서 **국가는 모든 국민에게 사회복지를 실시하여야 할 의무**를 지며, 국가는 스스로 사회복지청구권을 침해하는 행위를 할 수 없다.

그리고 사회복지청구권을 보장하고 사회복지청구권이 침해당했을 경우에 이를 구제하고 행위자를 처벌하는 등 침해행위를 규제하는 하위법률을 제정하여야 하는 의무를 진다.

3. 근거 법률의 존재 여부

헌법규정 이외에 구체적인 사회복지법률이 제정되어야만 사회복지급여 및 서비스를 청구할 수 있느냐, 아니면 구체적인 사회복지법률이 제정되어 있지 않더라도 헌법규정에 의하여 바로 사회복지급여 및 서비스를 청구할 수 있느냐 하는 것이 문제된다.

이 점은 사회복지청구권에 대한 법적 성질에 관한 학설에 따라 다르다. 즉, **프로그램적 규정설이나 추상적 권리설**에 의할 경우 헌법규정에 의하여 사회복지를 청구할 권리가 발생되는 것이 아니고 구체적인 사회복지법률이 제정되어야만 청구할 수 있다.

그리고 **구체적 권리설**을 따르더라도 반드시 헌법규정에 의하여 바로 사회복지를 청구할 수 있는 권리가 발생하느냐에 관하여는 견해가 나누어지고 있다.

소극설은 구체적 권리를 인정하더라도 헌법규정을 근거로 입법부의 입법의무나 행정부의 사회복지제공의무의 이행을 법원에 청구할 수 있는 재판규범으로 인정한다는 것이며, **적극설**은 헌법규정을 근거로 바로 행정부에 사회복지의 이행을 청구할 수 있다고 해석한다.

헌법 규정에 대하여 구체적 권리를 인정함에도 불구하고, 헌법 규정에 따른 청구를 인정하지 않는 것은 논리적 모순이라고 본다.

따라서 **헌법 규정에 의하여 바로 사회복지청구권이 발생**한다고 해석하여야 한다.

다만 이렇게 해석할 경우, 헌법만 존재하고 구체적인 법률이 제정되지 않은 경우에는 우선 헌법을 기준으로 판단하여야 하고, 이에 관한 법률의 제정을 청구할 수 있다.

그리고 헌법과 사회복지법이 둘 다 존재하는 경우에도 헌법에 보장된 사회복지청구권이 기준이 되며, 법률의 내용이 이에 미달하는 경우에는 위헌으로 무효가 되고 헌법에 맞게 법률을 개정할 것을 요구할 수 있다.

Ⅲ. 사회복지청구권의 개념

1. 인간다운 생활권과의 관계

사회복지청구권은 포괄적인 개념이고, 사회보장법의 분야에서 이를 개별적으로 행사는 권리를 **사회보장수급권**이라 한다.

사회복지를 받을 권리는 그 자체에 목적이 있는 것은 아니고 국가에 대하여 사회복지의무를 부과함으로써 국민의 인간다운 생활을 보장하기 위한 것이다. 따라서 인간다운 생활권과 사회복지를 받을 권리는 **상위권리와 하위권리** 혹은 **목적과 수단**의 관계로 볼 수 있다.

2. 사회복지청구권의 5단계론

사회복지청구권은 다음과 같이 5단계로 구분할 수 있다. 제1단계는 **기초생활보장**이다. 가난 등 경제적 여건상 스스로 인간다운 생활을 할 수 없는 계층이 있다. 이는 한편에서 볼 때, 자본주의 경제체제하에서는 필수적으로 발생하는 사회현상이라고 볼 수 있다. 이들을 통칭하여 **생활무능력자**라 부를 수 있을 것이다. 그리고 생활무능력자는 국가에 대하여 자신이 인간다운 생활을 위한 최소한의 기초생활을 보장해 줄 것을 청구할 수 있다.

제2단계는 **사회적 재해 보장**이다. 평상시의 인간다운 생활을 위협하는 노령·사망·질병·실업 등 '사회적 재해'를 당할 가능성은 모든 국민이 가지고 있으므로, 국가는 모든 국민에 대하여 사회적 재해를 당한 경우 이를 극복할 수 있는 제도를 마련하여야 한다.

제3단계는 **특별보호 혹은 협의의 사회복지**이다. 노인이나 아동, 장애인 등 자신의 정신적·신체적 조건 때문에 그 자체만으로도 인간다운 생활을 하는데 많은 어려움을 가지고 있는 자(특별보호대상자)에 대하여

자신의 어려움을 극복할 수 있도록 국가는 보호하여
야 한다.

제4단계는 공공에 의한 직접적인 보장이 아닌 **사
회복지사업을 통한 간접적인 보장**이다.

마지막으로, 새로운 사회복지의 필요에 의하여 발
생하는 **기타 사회복지청구권의 보장**이다. 이를 정리
하면 아래 〈표 5〉와 같다.

〈표 5〉　　　　　사회복지청구권의 5단계론

구 분	사회복지청구권	사업 분야	사회복지법제
5단계	기타 사회복지청구권	-	-
4단계	사회복지사업급여청구권	사회복지사업 (사회복지서비스)	**민간** 사회복지 (사회복지사업법)
3단계	특별보호청구권	특별보호 (협의의 사회복지)	
2단계	사회적재해보장청구권	사회보험	**공공** 사회복지
1단계	기초생활보장청구권	공공부조	

3. 사회보장수급권의 보호 등

가. 사회보장수급권의 보호

사회보장수급권은 관계 법령에서 정하는 바에 따

라 보호받는다. 다른 사람에게 **양도**하거나 **담보**로 제공할 수 없으며, 이를 **압류**할 수 없다(제12조). 그리고 사회복지급여의 수급계좌에 대하여 압류를 금지하기도 한다(고용보험법 제38조 제2항 등).

나. 사회보장수급권의 제한

사회보장수급권은 제한되거나 정지될 수 없지만, **관계 법령에서 따로 정하고 있는 경우**에는 그러하지 아니하다(제13조 제1항). 이 경우 사회보장수급권이 제한되거나 정지되는 경우에는 제한 또는 정지하는 목적에 **필요한 최소한의 범위**에 그쳐야 한다(제13조 제2항).[9]

다. 사회보장수급권의 포기

사회보장수급권은 정당한 권한이 있는 기관에 **서면으로 통지하여 포기**할 수 있다(제14조 제1항). 사회보장수급권의 포기는 취소할 수 있다(제14조 제2항).[10]

---

9) 이러한 내용은 개별 사회복지법제에서도 규정하고 있는데, 의료급여법(제18조), 기초연금법(제21조 제1항 및 제2항), 장애인연금법(제19조 제1항~3항), 긴급복지지원법(제18조 제1항~제3항), 국민건강보험법(제59조 제1항 및 제2항), 국민연금법(제58조 제1항~제3항), 산업재해보상보험법(제88조 제1항 및 제2항), 고용보험법(제38조 제1항 및 제2항), 노인장기요양보험법(제66조) 등이다.

10) 사회보장수급권을 포기하는 것이 다른 사람에게 피해를 주

Ⅳ. 사회복지청구권의 법적 성질

1. 학 설

사회복지청구권의 법적 성질은 다음과 같이 일반
적으로 세 가지로 나누어져 있다.

〈표 6〉   헌법상 사회복지청구권의 법적 성질

구 분	프로그램 규정설	추상적 규정설	구체적 권리설
암기법	프로를	추	구한다~
법적 권리성	X	O	O
사법심사	X	O	O
직접청구	X	X	O

가. 프로그램 규정설

이 설은 사회복지청구권이라는 법적 권리를 부정하
고 헌법규정은 국가정책적인 목표와 강령을 선언한
것에 지나지 않기 때문에 국가가 구체적인 입법을
제정하지 않는 한 국가에 대한 구체적인 청구권이

거나 사회보장에 관한 관계 법령에 위반되는 경우에는 사회
보장수급권을 포기할 수 없다(제14조 제3항).

발생하지 않는다고 한다. 현재는 우리나라는 물론
일본에서도 지지자가 없다.

나. 추상적 권리설

이 설은 헌법규정에 의하여 국민은 추상적인 권리
를 가지고 국가는 사회복지의 법적 의무를 진다. 따
라서 국민은 국가에 대하여 입법이나 필요한 조치를
청구할 수 있으며, 헌법에 의하여 바로 구체적 권리
를 가지지 못하며 구체적 법률이 제정된 경우에 그
법률에 근거하여 구체적 권리를 가진다고 한다.

다. 구체적 권리설

이 설은 헌법규정은 구체적인 권리로서의 성격을
가지며, 이를 기초로 입법의 제정을 요구할 수 있고
부작위에 대한 위헌확인소송도 제기할 수 있다고 한
다. 이 설은 현재 사회법 교수의 다수설이고, 헌법 교
수도 점차 이에 동조하고 있다.

라. 사 견

이에 관하여 필자는 마지막 구체적 권리설이 타당
하다고 생각한다. 인간다운 생활권, 사회복지청구권,
사회적 기본권 등의 법적 성질은 **구체적 권리로서의**

성격을 가진다. 이는 국가의 최고규범인 헌법의 규범성을 인정하여야 하고 국민의 기본권에 대한 보장과 국가의 사회복지의무를 생각할 때 당연한 논리라 생각한다.

2. 판 례

우리나라 판례는 아직 구체적 권리를 인정하지 않지만, **추상적 권리성**은 인정하고 있다.11)

---

11) ① 인간의 존엄에 상응하는 생활에 필요한 "최소한의 물질적 생활"의 유지에 필요한 급부를 요구할 수 있는 구체적인 권리가 상황에 따라서는 직접 도출될 수 있다고 할 수는 있어도, 동 기본권이 직접 그 이상의 급부를 내용으로 하는 구체적인 권리는 국가가 재정형편 등 여러 가지 상황들을 종합적으로 감안하여 법률을 통하여 구체화할 때에 비로소 인정되는 법률적 권리라고 할 것이다(헌법재판소 1995.7.21 결정 93헌가14), ② 헌법의 규정이 입법부와 행정부에 대하여는 국민소득, 국가의 재정능력과 정책 등을 고려하여 가능한 범위안에서 최대한으로 모든 국민이 물질적인 최저 생활을 넘어서 인간의 존엄성에 맞는 건강하고 문화적인 생활을 누릴 수 있도록 하여야 한다는 행위의 지침, 즉 행위규범으로서 작용하지만, 헌법재판소에 있어서는 다른 국가기관, 즉 입법부나 행정부가 국민으로 하여금 인간다운 생활을 영위하도록 하기 위하여 객관적으로 필요한 최소한의 조치를 취할 의무를 다하였는지를 기준으로 국가기관의 행위의 합헌성을 심사하여야 한다는 통제규범으로 작용하는 것이다(헌법재판소 1997.5.29 결정 94헌마33), ③ 국가에게 헌법 제34조에 의하여 장애인의 복지를 위하여 노력을 해야 할 의무가 있다는 것은, 장애인도 인간다

Ⅴ. 사회복지청구권의 실현방법

1. 사회복지청구권 실현의 중요성

사회복지법률은 사회복지청구권을 보장하는 선에 그쳐서는 안되고, 이러한 **권리가 충분히 실현**되어 모든 국민이 인간다운 생활을 영위할 수 있도록 하여야 한다.

2. 사회복지청구권의 실현 방법

가. 헌법상 실현 방법

헌법에서 보장하고 있는 인간다운 생활권의 실현을 위한 권리로서는 먼저 **사회복지입법청구권**이 있다. 이는 사회복지를 실현할 구체적 법률이 제정되지 않았거나 또는 제정된 법률이 불충분한 경우에 사회복지의 입법 혹은 그 개정을 청구할 수 있는 권리이다.

그리고 사회복지법이 헌법에 위반되는 지 여부가 재판의 전제가 된 경우에는 법원은 헌법재판소에 제

___

운 생활을 누릴 수 있는 정의로운 사회질서를 형성해야 할 국가의 일반적인 의무를 뜻하는 것이지, 장애인을 위하여 저상버스를 도입해야 한다는 구체적 내용의 의무가 헌법으로부터 나오는 것은 아니다(헌법재판소 2002.12.18 결정 2002헌마52).

청하여야 하며 헌법재판소가 위헌이라고 인정하는 경우, 해당 법률은 효력을 상실하여 그 법률이 폐지된 것과 동일한 효과를 가지는 **위헌법률심판청구권**이 있다(헌 제107조 제1항, 헌재 제47조).

이는 현행 헌법에 대한 위헌 여부의 판단뿐만 아니라 헌법에서 요구하고 있는 입법을 이행하지 않는 입법의 부작위의 경우에까지 확대 적용된다.12)

마지막으로, 헌법에 위반되는 공권력의 행사 또는 불행사로 말미암아 헌법상 보장된 기본권이 직접 그리고 현실적으로 침해당한 자가 헌법재판소에 위헌 여부의 심사를 청구할 수 있는 **헌법소원제도**가 있다(헌재 제68조 제1항).13)

---

12) 헌재결, 1989.3.17. 88헌마1; 헌재결, 1993.3.11. 89헌마79.

13) 위헌법률 심판의 제청신청이 법원에 의하여 기각된 경우에는 헌법재판소에 바로 헌법소원을 제기할 수 있다(헌재 제68조 제2항). 헌법소원은 사유가 발생하였음을 안 날로부터 60일, 사유가 발생한 날로부터 180일 이내에 청구하여야 한다. 다만, 다른 법률에 의한 구제절차를 거친 헌법소원의 심판은 최종결정을 통지받은 날로부터 30일, 위헌법률심판의 제청신청이 기각된 경우에는 기각된 날로부터 14일 이내에 청구하여야 한다(헌재 제69조). 그리고 헌법재판소는 심판사건을 접수한 날로부터 180일 이내에 종국결정의 선고를 하여야 한다(헌재 제38조).

나. 행정법상 실현방법

기본법에서 규정하고 있는 바와 같이,[14] **행정적 구제**와 **사법적 구제**가 있다.[15]

다. 민법상 실현방법

국가와 지방자치단체 이외의 자에 대하여는 **민사상**[16] **손해배상**을 청구할 수 있다. 즉, 근로복지공단 등에 대한 보험급여의 지급이나 손해배상의 청구는 일반 민사소송의 절차에 따른다.

---

14) 제39조(권리구제) 위법 또는 부당한 처분을 받거나 필요한 처분을 받지 못함으로써 권리 또는 이익을 침해받은 국민은「행정심판법」에 따른 행정심판을 청구하거나 「행정소송법」에 따른 행정소송을 제기하여 그 처분의 취소 또는 변경 등을 청구할 수 있다.

15) 이에 관한 구체적 설명은 "행정법과의 관계" 참조.

16) 민법 제750조(불법행위의 내용) 고의 또는 과실로 인한 위법행위로 타인에게 손해를 가한 자는 그 손해를 배상할 책임이 있다.

제 3 절

사회복지법제의 탄생과 발전

Ⅰ. 사회복지법제 이전의 단계

1. 영 국

영국에서 빈곤의 문제를 국가적 차원에서 해결하고자 하는 첫 번째 시도가 1601년 **엘리자베스구빈법** (An Act for Relief of the poor)이다. 그러나 이 법 이전에도 영국에서는 빈민이 사회문제로 제기됨에 따라 구빈에 관한 법률이 제정되어 시행되어 왔다.

2. 스웨덴

스웨덴은 세계적으로 복지국가의 대명사로 불려질 만큼 사회복지제도가 발달한 국가이다. 영국에서와 마찬가지로 스웨덴도 사회복지법제가 제정되기 이전에 빈민문제를 국가의 책임하에 해결하기 위한 **구빈법**이 먼저 제정되었다.

3. 독 일

독일에서도 빈곤은 개인의 문제가 아니라 사회의 공통문제로 인식되었으며, **사회부조**로 이를 해결하고자 하였다. 초기는 주로 기독교의 활동에 의존하였으며, 국가적 차원에서는 1794년 제정된 프로이센일반법(ALR)에 처음으로 빈민부조를 위한 규정을 두었다.

4. 프랑스

프랑스에 기독교가 전파된 이후에는 교구단위의 자선활동이 주요 해결책이었으며, 점차 국가권력이 형성 발전함에 따라 16세기경부터 국가차원의 **빈민구제책**이 시행되기 시작하였다.

5. 미 국

미국에서는 1776년 독립후 산업혁명이 일어나고 대도시에 노동자, 빈민이 집중됨에 따라 **노동과 빈민이 사회문제화**되었다.

따라서 19세기 전반에는 대부분의 주가 구빈원을

설치하고 빈민구제의 방법으로 **수용보호**(indoor relief)
를 원칙으로 하였다.

6. 일 본

일본에서도 노인, 병자, 연소자 등 생활의 능력이
없는 빈민에 대하여 국가가 보호하는 정책은 존재하
였다.

일본의 메이지정부는 천황을 정점으로 하는 국가체
제를 확립하기 위하여는 민심의 안정이 필요하다는
판단하에 1868년 **빈민구제정책**을 펴기 시작하였다. 그
후 1874년에는 휼구규칙(恤救規則)을 제정하였다.

7. 우리나라

일반적으로 영국의 엘리자베스구빈법을 사회복지법
제의 효시로 생각하지만, 세계적으로 구빈정책은 우
리나라에서 가장 먼저 시작하였다. 우리나라는 고대
부터 국민의 재난을 국가가 구조하는 이른바 **구휼**(救
恤)**정책**을 전개하여 왔다.17)

---

17) 우리나라는 삼국시대부터 국민이 재해를 당했을 경우 국가가

II. 사회복지법제의 탄생

1. 영 국

영국에서는 **산업혁명**이 세계에서 가장 먼저 일어났으며, 그 결과 자본주의 경제체제가 가장 먼저 형성되어 왔다. 그리고 1920년에는 심각한 불황이 시작되어 실업이 급증할 가능성이 제기됨에 따라 같은 해 **실업보험법**을 제정하였다.

2. 스웨덴

1913년에는 스웨덴에서 최초로 **국민연금법**이 제정되었는 바, 만 16세 이상 66세까지 소득의 1%를 보험료로 납부하고 67세부터 연금을 지급받았다.

이를 지원하는 구휼정책을 폈다는 점에서 사회복지적 국가이념이 세계에서 가장 먼저 확립되었다고 볼 수 있다. 특히 영국이나 일본에서 초기 빈민구제가 치안유지의 차원에서 시작되었다는 점에서 큰 대조를 이룬다고 보아야 한다. 이 점은 우리 민족의 홍익인간의 이념이 크게 작용하였다고 보아야 할 것이다.

3. 독 일

독일은 1871년 통일후 강력하게 전개된 사회주의 운동에 대응하여 **비스마르크(Bismarck)**는 탄압과 회유의 2중적 정책을 펴기 시작하였다. 즉, 한편으로는 1878년 「사회주의자 탄압법」(Sozialisten Gesetz)을 제정하여 사회주의 운동을 탄압하기 시작하고, 다른 한편에서는 사회복지정책을 전개함으로써 노동자를 비롯한 국민의 복지향상을 위하여 노력하였다.

독일의 사회복지법제은 비스마르크 시대에 **세계 최초로 사회보험법을 제정**하였는데, ① 건강보험법 ② 산업재해보험법 ③ 폐질 및 노령보험법의 3가지 법률이며, 그 후 1911년 이들을 통합하여 「제국보험법」을 제정하였다.

4. 프랑스

프랑스는 다른 유럽 각국과 비교하여 볼 때 사회보험법이 늦게 제정되었다는 점이다. 그러나 1889년 파리에서 **세계공공부조총회**가 개최된 것을 계기로

공공부조법은 일찍 제정되었다.[18]

5. 미 국

미국에서는 남북전쟁(1861~1865)이 끝난 후 산업화가 본격 추진되었다. 1911년에는 워싱턴 주에서 최초로 **노동자재해보상법**이 제정되고, 일리노이 주를 시작으로 **모자부조법**(Mother's Aid Law)가 제정되었다.

6. 일 본

일본은 1938년 노무, 물자, 물가 등의 정책을 정부의 통제하에 두기 위하여 「국가총동원법」을 제정하고 이후 모든 정책은 **전쟁을 위한 수단**으로 전락하게 되었다. 따라서 당시 제정되었던 사회보장에 관한 법률들도 이러한 군국주의 이념을 실현하기 위하여 제정된 것이라고 보아야 한다. 같은 해 **국민건강보험법**을 제정되었다.

---

18) 지방자치단체의 공공부조의무가 명시됨에 따라 「의료부조법」 (1893), 「공공부조에 대한 국가의 재정지원법」(1897), 「아동보호법」(1904), 「노인·불구·폐질자에 대한 공공부조법」(1905) 등이 제정되었다. 이러한 법늘은 혁명기의 권리원칙을 이어받으면서 공공부조의 원리를 확립시킨 것으로 평가된다.

7. 우리나라

1961년 5·16 군사쿠테타에 의하여 집권한 박정희 군사정권은 국민에 대한 **명분적 방향제시**를 선전하기 위하여[19] 각종 사회복지법제를 제정하였다.

즉, 1961년에는 직업안정법, 직업훈련기본법, **생활보호법, 아동복리법** 등이 제정되었고, 1963년에는 **사회보장에 관한 법률,**[20] **의료보험법, 산업재해보상보험법** 등이 제정되었다.

Ⅲ. 사회복지법제의 발전

1. 영 국

노동조합회의(TUC)의   요구에 의하여, 1941년 6월

---

19) 민정이양이 이루어지는 1963년도에 들어오면서 군사정권의 정통성이 급격히 실추함에 따라 사회보장정책에 대한 관심이 제고되었다. 그리고 그 시행도 조세로 재원을 조달하는 가족수당의 도입이나 공공부조의 확대보다는 당사자부담을 원칙으로 하는 산재보험과 의료보험제도를 도입하고자 하였다: 권문일, "1960년대의 사회보험"(1989), 509면.

20) 이는 1995년 「사회보장기본법」으로 대체되었다.

에 비버리지를 위원장으로 하는 조사위원회가 1942
년 11월 보고한 것이 유명한 **비버리지 보고서**
(Reported by Beveridge, Social)이다. 이 보고서는 5가지의 사
  Insurance and Allied Services
회악, 즉 ① 빈곤, ② 질병, ③ 무지, ④ 불결, ⑤ 실업
을 동시에 퇴치하여야 한다고 주장하였다.21)

2. 스웨덴

1932년 **사회민주당이 집권** 후 사회복지제도가 본
격적으로 시행되기 시작하였다. 그 후 1955년 **국민건
강보험법**, 1963년 **사회보험법**이 제정되었다.

3. 독 일

제2차 세계대전에서 패전한 독일에서는 1949년 5
월 8일 「독일연방공화국기본법」22)이 제정되어 서독
(독일연방공화국)과 동독으로 분할되었다. 서독은 **급속한
경제부흥**에 힘입어 사회복지제도가 다시 정비되기 시작

---

21) 1945년 7월 총선거에서 노동당이 압승을 거두어 집권함에 따라
  이 보고서에서 주장한 내용들이 시행되게 되어, 영국의 사회복
  지는 이제 그 확립의 시대를 맞이하게 되었다.

22) 이 법은 1949년 5월 24일 시행되었으며, 다음부터는 「독일기본
  법」이라 한다.

하였으며,   1954년 **아동수당법**,   1970년   **사회법전**
(Sozialgesetz buch, SGB)을 편찬하였다. 1990년 10월 3일
제2차 세계대전후 분단되었던 독일이 **재통일**됨으로써
서독의 기본법이 동독에도 효력을 미치게 되었다.[23]

4. 프랑스

프랑스에서는 1898년 산업재해보상법, 1928년에 사
회보험법이 제정되고, 1932년 법은 **가족수당**(allocation
familiale)을 최초로 법제화하였다. 1943년 피에르 라로
크(Pierre Laroque)는 프랑스 사회복지제도를 전반적으
로 재구성하기 위한 **프랑스 사회보장계획**(라로크 보고
서)을 제출하였다.[24]

5. 미 국

1929년 대공황(the Great Depression)의 발생후 1933년

---

23) 서독기본법의 내용이 모두 그대로 동독지역에까지 적용되는 것은
    아니고 일부내용은 개정되고 일부 내용은 경과규정을 두어 적용
    을 유보시켰다. 그리고 일반 법률도 동독지역에까지 적용하게 되
    었지만 모두 획일적으로 적용한 것은 아니고 일부 적용을 배제
    하거나 일부는 당분간 동독법이 그대로 적용되는 경우도 있다.

24) 이 보고서의 기본적인 내용은 사회보장제도를 전국민을 대상으
    로 하는 제도로 일반화시키고 단일조직으로 만드는 것이다.

취임한 루즈벨트 대통령은 이를 극복하기 위하여 강력한 **경제회복정책(뉴딜정책)**을 실시하였는데, 그 일환으로 1935년 **사회보장법**(Social Security Act, 다음부터 SSA라 한다)을 제정하였다.

2010년 오바마 대통령은 **건강보험개혁법**을 제정하여 전국민 건강보험 가입을 의무화하면서 저소득자에게는 보조정책을 폈다.

6. 일 본

일본은 제2차 세계대전에서 패한 후 1946년 **생활보호법**, 1947년 **아동복지법, 실업보험법, 노동자재해보상보험법**을 제정하였다. 일본은 1950년 **우리나라의 6·25 전쟁시 특수관계**로 인한 산업[25]과 사회복지법제의 발전을 가져왔다.

7. 우리나라

우리나라는 1980년대 초반부터 실질적 사회복지가 시작된 것으로 평가할 수 있고,[26] **1988년의 서울올림픽**

[25) 우리나라의 6·25 전쟁은 패전후 불황 속에서 허덕이던 일본 독점자본에게는 천우신조의 신풍(神風)과 같은 경제회생약이 되었다: 犬丸義一外,「戰後勞動運動史」, 137면.

개최를 계기로 한 전시행정의 정치적 동기가 1988년 부터의 "전국민 의료보험 및 연금보험" 실시라는 정부측 슬로건에 더욱 큰 작용을 했다고 평가할 수 있다.[27]

1997년 유동성 위기에 봉착한 우리나라는 **국제통화기금(IMF)**으로부터 550억 달러이상의 긴급자금을 지원받은 후 IMF와 협정을 체결하였다.[28] 그리고 1999년 **국민건강보험법**과 **국민기초생활보장법**이 제정되었고, 2007년에는 우리나라 5대 사회보험제도로 **노인장기요양보험법**이 제정(2007.4.27. 법률 제8403호)되었고, 같은 해 **기초노령연금법**이 제정(2007.4.25)되었다.

---

26) 이 시기의 주요 입법내용은, 직업안정법의 개정(1982), 의료보험법의 개정, 심신장애자복지법의 제정(1981), 산업안전보건법의 제정(1981), 아동복지법의 제정(1981), 노인복지법의 제정(1981), 생활보호법의 개정(1982), 「진폐의 예방과 진폐근로자의 보호등에 관한 법률」의 제정(1984), 국민연금법의 제정(1986) 등이다.

27) 주요 입법 내용을 보면, 노인복지법의 개정(1989), 장애인복지법의 제정(1989), 모자복지법의 개정(1989), 의료보험법의 개정(1988~1989), 산재보험법의 개정(1989~1994), 고용정책기본법의 제정(1993), 사회보장기본법의 제정(1995) 등이다.

28) 이후 이 협정의 이행을 위하여 1998년 2월 6일 노사정위원회의 합의를 어렵게 이루어낸 후 이를 반영한 각종 노동관계법과 사회복지법률이 1998년 2월 14일 밤 국회를 통과하였으며, 1998년 2월 20일 공포되었다.

Ⅳ. 국제 사회복지법제의 형성과 발전

1. 사회복지 국제화의 필요성

사회복지는 인간존중의 이념이 그 바탕을 하므로 그 목표가 모든 국가의 보편적인 정책이념이다. 그리고 이를 실현하는 것도 한 국가의 노력만으로는 불가능하다. 왜냐하면 국내적으로 아무리 높은 수준의 사회복지가 제도화되어 있다고 하더라도, **국제적인 전쟁**이 발생하는 경우 인간의 생존 자체가 위협받게 되므로 사회복지가 목표로 하는 인간다운 생활의 보장은 불가능하게 되기 때문이다.

최근에는 경제 및 문화활동을 위하여 외국에 거주하는 사람의 수가 급증하고 있으며, 이들에 대한 사회보장의 제공이 요청되고 있다. 따라서 **내·외국인평등의 원칙**과 **자국민과 외국인의 사회복지를 상호 조정**하는 국제규범이 필요하게 된다. 즉, ① 자국민 이외의 외국인에 대한 사회보장과 ② 자국민 및 외국인을 포함하여 국제적으로 이동하는 노동자에 대한 사회보장의 문제가 제기된다.

2. 사회복지 국제화의 추진 기구

가. 국제연합(UN)

제2차 세계대전 이후 세계공동체의 보편적인 기구로 설립된 **국제연합(United Nations, UN)의 헌장**은 각국이 자유롭게 사회적 진보와 생활수준의 향상을 도모하여야 하고, 국제협력이 추진되어야 한다고 하였다.

나. 국제노동기구(ILO)

제1차 세계대전중에 교전국과 중립국의 노동조합과 일부국가(특히 영국과 프랑스)가 노동문제의 국제적 규제를 평화조약에 포함시키자고 주장하였으며, 이를 반영하여 1919년 베르사이유 평화조약 제13편에 **국제노동기구(International Labor Organization, ILO)의** 창설을 규정하였다.[29]

조약은 그것을 비준한 국가에 대하여 국제적인 법적 의무를 부과하고 구속력을 가지지만[30], **권고**는 아무

---

29) ILO는 UN의 산하기구이다.

런 법적 의무를 부과하지 않는 행동지침에 불과하다.

3. 국제사회복지법제의 형성

가. 대서양헌장(1941)

1941년 8월 14일 영국의 처칠(Winston Churchill) 수상과 미국의 루즈벨트(Franklin D. Roosevelt) 대통령은 대서양에서 회담을 가져 독일의 나치즘을 타파하고, 제2차 세계대전후 세계재건을 위하여 대서양헌장(Atlantic Charter)을 발표하였다.

나. 필라델피아선언(1944)

1944년 4월부터 5월까지 필라델피아에서 개최된 ILO의 제26회 대회에서 **사회복지에 관한 중요한 선언**(필라델피아 선언, Declaration of Philadelphia)이 채택되었다.

다. 세계인권선언(1948)

1948년 UN의 제3회 총회에서 세계인권선언(Universal Declaration of Human Rights)을 채택하였다.

---

30) ILO로부터 탈퇴하더라도 기존에 비준한 조약상의 의무를 면하지 못한다.

4. 국제사회복지법제의 발전

1960년대 들어 UN과 ILO가 중심이 되어 다음과
같이 사회복지와 관련된 많은 조약을 채택하였다.

〈표 7〉   UN의 사회복지관련 주요 조약

연도	조약 명칭	내 용
1965	인종차별 철폐 조약	모든 종류의 인종차별 금지, 인종차별철폐위원회
1966	**경제적·사회적 및 문화적 권리**에 관한 국제규약	**A규약, 사회권 규약** 현재 국제사회에서 가장 기본적인 국제인권규약
1966	**시민적·정치적 권리**에 관한 국제규약	**B규약, 자유권 규약**
1975	고문방지협약	협약발효:1987.6.26. 고문희생자의 날(6월 26일)
1979	여성차별 철폐 협약	여성차별철폐에 관하여 법적 구속력을 가짐
1989	아동권리 협약	1959년 아동권리선언 30주년 1979년 세계아동의 해 지정 10주년 1989년 11월 20일 총회에서 채택 아동권리 보호 최초의 조약 보호대상: 18세 미만의 모든 아동
1990	이주노동자권리협약	이주노동자 및 그 가족의 인권 보장
2006	장애인권리협약	장애인의 기본적 인권과 자유 보호·촉진장애인인권위원회
2006	강제실종방지협약	강제실종에 관한 선언(1992)에 대한 법적 구속력 부여

〈표 8〉　　　　　ILO의 사회복지관련 주요 조약

연도	조약 명칭	내　용
1952	사회보장(최저기준)조약	사회보장의 분야별 최저기준 설정
1962	사회보장에서의 내외국인 균등대우에 관한 협약	국내외국인간의 불합리한 차별 철폐
1964	업무상 재해와 직업병의 급여에 관한 조약	업무상 재해와 직업병에 대한 보상
1967	장해·노령 및 유족급여에 관한 협약	장해·노령 및 유족 보호
1981	직업상의 안전보건에 관한 협약 및 권고	산업재해 예방을 위한 안전보건에 관한 협약과 권고 채택
1982	사회보장청구권의 보호를 위한 국제협력체계에 관한 협약	국제사회복지법제의 형성 노력
1993	주요 산업재해 예방을 위한 협약	주요 산업재해의 예방

제 4 절

사회복지법제의 지위

Ⅰ. 헌법과의 관계

1. 헌법의 개념

헌법은 "국가의 구성과 작용의 기본이 되는 법규범의 총체"이다. 사회복지청구권에 관하여도 규정하고 있지만, 헌법에서 보장하는 차원에서 머물러서는 안되고 반드시 이를 실현할 수 있는 구체적인 입법을 하여야 한다.

그리고 이 권리를 침해하는 행위를 규제하여야 하고 이 권리에 위배되는 행위에 대하여 법률상 효력을 부여하지 않아야 한다. 따라서 헌법과 사회복지법제의 관계는 **이념의 제공과 실현의 관계**로 표현할 수 있다. 이에 관하여 헌법규범의 한계성을 지적하는 견해도 있다.

〈표 9〉   헌법과 사회복지법제의 관계

헌 법	행복추구권, 인간다운 생활권, 사회복지청구권의 보장
사회복지법	사회복지청구권의 구체적인 내용, 권리의 주체, 권리의 실현방법, 권리의 한계 등 규정

2. 사회복지청구권의 보장과 헌법상 실현 방안

이에 관하여는 앞(P.11~25)에서 상세히 설명하였다.

3. 재산권과의 관계

헌법상 보장하고 있는 재산권과의 관계에서는 세 가지 문제가 제기된다. 먼저, 사회복지청구권과 재산권 모두 헌법에서 보장하고 있는데 만약 두 권리가 충돌하는 경우, 어느 권리가 우선하느냐 하는 문제가 있다. 이에 관하여는 사회복지청구권이 우선한다고 보아야 한다.

둘째, 국민이 조세를 납부하는 것은 인간다운 생활권의 수준의 보장을 위한 것이며, 그 이상의 수준을 보장하기 위하여 국민에 대하여 조세를 부과하는 것은 헌법에서 보장한 재산권을 침해하는 결과가 발생할 수 있다.

마지막으로, 사회복지수급권이 재산권의 성격을 내포하고 있다고 하더라도 사법상의 재산권이 아니고 공법상의 권리이고,[31] 위의 첫 번째 문제에서 본 바와 같이, 사회복지수급권은 공공복리로 제한할 수 없다고 보아야 하므로 일반적인 재산권의 속성을 가진다고 볼 수는 없다.

Ⅱ. 시민법과의 관계

1. 시민법의 개념

시민법은 법률관계를 당사자의 자치에 의하여 결정하는 영역의 법률을 말하며, 사법(私法)이라고 부를 수도 있을 것이며 민법과 상법이 여기에 속한다.

민법은 사람이기만 하면 누구에게나 일반적으로 적용되는 것을 예정하고 있으며, 일반사법과 실체법의 성격을 갖고, 상법은 기업에 관한 특별사법의 의미를 가진다.

---

31) 의료보험수급권은 의료보험법상 재산권의 보장을 받는 공법상의 권리이다: 헌재결, 2000.6.29. 99헌마289.

2. 근대 시민법원리의 수정

인간다운 생활권의 법이념을 실현하기 위하여 새롭게 인정된 권리가 **사회적 기본권**이며 그 대표적인 것이 **사회복지청구권**이라 할 수 있으며, 이 권리의 구체적인 내용을 규정한 법률이 **사회복지법제**이다.

따라서 사회복지법제는 노동법·경제법 등과 함께 **시민법의 수정법**에 해당하며, 이러한 시민법의 수정법을 통칭하여 **사회법**이라 부른다. 이러한 시민법과 사회법의 관계를 표로 그려보면 다음과 같다.

〈표 10〉   시민법과 사회법의 관계

구 분	시 민 법	사 회 법
법 이 념	자유·평등	자유·평등 + 인간다운 생활권
인 간 상	평등한 추상적 인간	불평등한 현실적 인간
법 원 칙	계약자유의 원칙 소유권 절대의 원칙 과실책임의 원칙	특정 계약행위의 금지 소유권 행사의 제한 일부 무과실 책임 인정
법 영 역	민법·상법 등	사회복지법·노동법·경제법 등

3. 구상권

구상권은 타인을 위하여 재산상의 이익을 출연한 자가 그 타인에 대해서 지니고 있는 반환청구권이다.

제3자의 불법행위로 피해를 입은 국민이 그로 인하여 사회보장수급권을 가지게 된 경우 사회보장제도를 운영하는 자는 그 불법행위의 책임이 있는 자에 대하여 관계 법령에서 정하는 바에 따라 **구상권(求償權)**을 행사할 수 있다(기본법 제15조).[32)]

4. 소멸시효

권리자가 오랫동안 권리를 행사하지 않으면 의무자는 언제 권리의 청구를 당할지 모르는 불안한 지위에 있게 되는데, 이를 장기간 방치하는 것은 법적 안정성을 해치게 된다.[33)]

---

32) 국민건강보험법 제58조(구상권) ① 공단은 제3자의 행위로 보험급여사유가 생겨 가입자 또는 피부양자에게 보험급여를 한 경우에는 그 급여에 들어간 비용 한도에서 그 제3자에게 손해배상을 청구할 권리를 얻는다. ② 제1항에 따라 보험급여를 받은 사람이 제3자로부터 이미 손해배상을 받은 경우에는 공단은 그 배상액 한도에서 보험급여를 하지 아니한다.

33) '시효(時效)'란 일정기간 동안 사실상태가 계속된 경우에 그 사

따라서 권리자가 일정기간 권리를 행사하지 않으면 권리 자체를 소멸시키는 강력한 제도를 두고 있는데, 이를 **소멸시효(消滅時效)**라 한다. 소멸시효기간은 1년에서 20년까지 다양하다.[34]

사회보장수급권은 **일반적으로 3년**으로 규정하고 있다. 그러나 **기초연금법, 장애인연금법, 국민연금법, 연계급여법, 아동수당법** 등은 5년으로 규정하고 있다.

III. 형법과의 관계

1. 형법의 개념

형법은 처벌대상이 되는 **범죄행위**와 그 처벌기준

실상태가 진정한 권리관계와 일치하는가의 여부를 묻지 않고, 그 사실상태로 권리관계를 인정하려는 제도를 말한다. 시효에는 권리행사라는 외관이 일정기간 계속된 경우에 권리취득을 인정하는 취득시효와 권리불행사라는 사실상태가 일정기간 계속된 경우에 권리소멸을 인정하는 소멸시효가 있다: 양형우, 「민법의 세계」(2018), 312면.

34) 소멸시효기간은 ① 채권과 소유권을 제외한 재산권은 20년, ② 보통의 채권과 판결로 확정된 채권은 10년, ③ 상행위로 생긴 채권은 5년, ④ 이자·부양료·급료·사용료 등은 3년, ④ 숙박료·음식료 등은 1년이다: 송덕수, 「신민법강의」(2018), 228~233면.

인 **형벌**을 규정한 법규범이다.

그런데 형법이라는 명칭을 가진 법률을 **협의의 형법 또는 형식적 의미의 형법**이라 하고, 식품위생법, 도로교통법, 의료법 등 범죄와 형벌에 관하여 규정하고 있는 법률을 **광의의 형법 또는 실질적 의미의 형법**이라 한다.

따라서 형법은 "본법 총칙은 타 법령에 정한 죄에 적용한다. 단, 그 법령에 특별한 규정이 있는 때에는 예외로 한다(제8조)."고 규정하여 형식적 의미의 형법총칙의 규정을 원칙적으로 다른 실질적 의미의 형법에도 적용하도록 하고 있다. 이러한 측면에서 각종 사회복지법제도 그 위반에 대하여 형사처벌하는 규정을 두고 있으므로, **광의의 형법 또는 실질적 의미의 형법**으로서의 성격을 가진다.

2. 사회복지법제상 의무 위반자에 대한 형사처벌

각종 사회복지법제는 그 이행을 강제하기 위하여 그 의무를 위반한 자에게 **형사처벌**하는 규정을 두고 있으며, 이는 그 명의자와 행위자 모두를 처벌하는 **양벌규정**을 두고 있다.[35] 사회복지법제 위반에 대하

여는 대부분 3년이하의 징역인데, 그 이상의 중형에
처하는 내용은 다음 〈표 11〉과 같다.

〈표 11〉   사회복지법제상 주요 처벌 규정

근거 법률	위반 행위	처벌 내용
아동복지법 (제17조 제1호)	**아동의 매매행위**	**10년 이하의 징역**
아동복지법 (제17조 제1호)	아동에 대한 성희롱, 성적 학대	10년 이하의 징역 또는 5천만원 이하의 벌금
노인복지법 (제39조의9 제1호)	노인에 대한 상해	7년 이하의 징역 또는 2천만원 이하의 벌금
사회복지사업법 (제23조 제3항, 제42조 제2항)	사회복지법인의 기본재산 관리, 보조금의 사용	5년 이하의 징역 또는 5천만원 이하의 벌금
국민건강보험법 (제102조 제1호)	건강보험 개인정보 무단사용 및 제3자에 대한 제공	〃
아동복지법 (제17조 제1호)	아동에 대한 신체적·정서적 학대 등	5년 이하의 징역 또는 3천만원 이하의 벌금
보험료징수법 (제29조의3 제6항)	금융거래정보의 타인에 대한 제공 또는 누설, 목적 외 이용	〃
국민기초생활보장법 (제23조의2 제6항)	금융정보의 사용·제공 또는 누설	〃
노인복지법 (제39조의9 제1호)	노인에 대한 폭행, 성폭행, 성희롱, 방임, 구걸행위	5년 이하의 징역 또는 1천 500만원 이하의 벌금

---

35) 보건복지부장관은 사회보장급여법 위반에 따른 범죄혐의가 있
다고 인정될 만한 상당한 이유가 있을 때에는 관할 수사기관에
그 내용을 고발하여야 한다(제53조 제1항).

Ⅳ. 행정법과의 관계

1. 행정법의 개념

행정법은 ① 행정권의 조직·작용·절차 및 구제에 관한 ② 국내의 ③ 공법이다.

법치국가에서 행정은 공익을 위하고, 적법하고 합목적적이어야 한다. 따라서 행정권의 발동을 위해 일정한 원리를 법으로 세워두는 것도 중요하지만, 또 한편으로 위법 또는 부당한 행정권의 발동이 있을 때, 이를 시정하여 국민의 권익을 보장하고, 적법하고 합목적적인 행정으로 나아가도록 하는 것도 중요하다. 이를 위하여 마련한 것이 **행정쟁송제도**이다. 이는 단순히 행정상의 분쟁을 가리키는 것이 아니라, 행정법상의 분쟁을 판단기관(법원 또는 행정기관)이 심리하여 해결하는 것을 가리킨다.

사회보장법제의 일반법인 기본법과 급여법은 구제절차에 관하여 규정하고 있고, 개별 사회복지법제에서도 규정하고 있다.

먼저, 기본법에는 위법 또는 부당한 처분을 받거나 필요한 처분을 받지 못함으로써 권리 또는 이익을 침해받은 국민은 행정심판법에 따른 **행정심판**을 청구하거나 행정소송법에 따른 **행정소송**을 제기하여 그 처분의 취소 또는 변경 등을 청구할 수 있다(제39조).

그리고 급여법에도 이 법에 따른 처분에 이의가 있는 수급권자등은 그 처분을 받은 날로부터 90일 이내에 처분을 결정한 보장기관의 장에게 **이의신청**을 할 수 있지만, 정당한 사유로 인하여 그 기간 내에 이의신청을 할 수 없음을 증명한 때에는 그 사유가 소멸한 때부터 60일 이내에 이의신청을 할 수 있다(제17조 제1항).

보장기관의 장은 이의신청을 받은 날부터 10일 이내에 그 **이의신청에 대하여 결정**하고 그 결과를 신청인에게 지체 없이 통지하여야 하지만, 부득이한 사유로 정하여진 기간 이내에 결정할 수 없을 때에는 그 기간의 만료일 다음 날부터 기산하여 10일 이내의 범위에서 연장할 수 있으며, 연장 사유를 신청인에게 통지하여야 한다(제17조 제2항).

2. 행정심판

행정청의 위법·부당한 처분 또는 부작위에 대한 불복에 대하여 행정기관이 심판하는 행정심판법상의 행정쟁송절차이다. 이를 규율하는 법으로는 일반법인 행정심판법이 있고,[36] 각 개별법률에서 행정심판법에 대한 특칙을 규정하고 있다. 사회복지법제에서도 이에 관한 여러 규정을 두고 있다.

행정심판의 종류로는 ① 취소심판, ② 무효등확인심판, ③ 의무이행심판이 있다. **행정심판위원회**는 행정심판청구사항에 대하여 심리한 후, 각하·기각·인용을 결정하는 작용인 재결을 행하는 권한을 가진다.

원칙적으로 행정심판은 처분이 있음을 **안 날부터 90일 이내, 처분이 있은 날부터 180일 이내**에 제기하여야 한다. 여기서 90일은 불변기간이며, 180일은 정당한 사유가 있는 경우에는 경과하여도 제기할 수 있다.

---

36) 행정심판법 제3조(행정심판의 대상) ① 행정청의 처분 또는 부작위에 대하여는 다른 법률에 특별한 규정이 있는 경우 외에는 이 법에 따라 행정심판을 청구할 수 있다. ② 대통령의 처분 또는 부작위에 대하여는 다른 법률에서 행정심판을 청구할 수 있도록 정한 경우 외에는 행정심판을 청구할 수 없다.

3. 행정소송

행정법규의 작용과 관련하여 위법하게 권리가 침해된 자가 소송을 제기하고, 법원이 이에 대하여 심리·판단하는 절차이며, 그 근거법은 행정소송법이다.

행정청의 위법한 처분이나 그 밖에 공권력의 행사·불행사 등으로 인한 국민의 권리 또는 이익의 침해를 구제하고, 공법상의 권리관계 또는 법적용에 관한 다툼을 적정하게 해결하는 쟁송절차이다(행소법 제1조). 행정소송의 종류는 ① 항고소송, ② 당사자소송, ③ 민중소송, ④ 기관소송의 넷이다(행소법 제3조).

행정소송법에서 정한 행정사건과 다른 법률에 의하여 행정법원의 권한에 속하는 사건은 **행정법원**이 1심으로 심판한다. 행정법원의 재판에 대하여는 고등법원에 항소할 수 있고, 고등법원의 재판에 대하여는 대법원에 상고할 수 있다.

행정심판을 거치지 않은 경우, 취소소송은 처분이 있음을 안 날부터 90일 이내에, 처분이 있은 날부터 1년 이내에 제기하여야 한다. **행정심판을 거친 경우,** 재결서의 정본을 송달받은 날부터 90일 이내에, 재결이 있은 날부터 1년 이내에 제기하여야 한다.37)

4. 공법상 손해배상청구소송

　"공법상 손해배상" 이란 공무원의 위법한 직무집행행위 또는 국가나 공공단체의 공공영조물이 설치 또는 관리의 하자로 인하여 개인에게 재산상의 손해를 가한 경우에 국가나 공공단체가 그 손해를 배상하는 제도를 말한다.

　이는 헌법38) 및 국가배상법39)에서 상세히 규정하고

---

37) 여기서 90일은 불변기간이며, 1년은 정당한 사유가 있으면 경과하여도 제기할 수 있다.

38) 제29조 ① 공무원의 직무상 불법행위로 손해를 받은 국민은 법률이 정하는 바에 의하여 국가 또는 공공단체에 정당한 배상을 청구할 수 있다. 이 경우 공무원 자신의 책임은 면제되지 아니한다. ② 군인·군무원·경찰공무원 기타 법률이 정하는 자가 전투·훈련등 직무집행과 관련하여 받은 손해에 대하여는 법률이 정하는 보상외에 국가 또는 공공단체에 공무원의 직무상 불법행위로 인한 배상은 청구할 수 없다.

39) 제2조(배상책임) ① 국가나 지방자치단체는 공무원 또는 공무를 위탁받은 사인(다음부터 '공무원'이라 한다)이 직무를 집행하면서 고의 또는 과실로 법령을 위반하여 타인에게 손해를 입히거나, 「자동차손해배상 보장법」에 따라 손해배상의 책임이 있을 때에는 이 법에 따라 그 손해를 배상하여야 한다. 다만, 군인·군무원·경찰공무원 또는 예비군대원이 전투·훈련 등 직무 집행과 관련하여 전사(戰死)·순직(殉職)하거나 공상(公傷)을 입은 경우에 본인이나 그 유족이 다른 법령에 따라 재해보상금·유

있으며, 국가배상법의 규정에 의한 것을 제외하고는
민법의 규정에 의한다(국배 제8조).

5. 사회복지법제상 의무 위반자에 대한 행정상 제재

사회복지법제는 그 이행을 강제하기 위하여 그 의무
를 위반한 자에 대하여 형사처벌하는 규정을 두고
있다. 그런데 의무 위반자를 모두 형사처벌하는 것은
아니며, 가벼운 경우에는 과태료 등 행정벌을 과할
수도 있다.

행정벌은 행정주체가 행정객체의 행정법상 의무 위
반행위에 대하여 일반통치권에 기하여 가하는 제재
이다. 그 종류에는 ① 행정법상의 의무위반에 대하
여 형법상의 벌을 가하는 **행정형벌**, ② 행정법상의
신고나 등록, 기록의 비치의무 등 행정질서를 유지
하기 위하여 요구되는 의무에 위반한 자에 대하여
과태료 등을 부과하는 **행정질서벌**, ③ 행정법상 의
무위반에 대하여 영업허가의 취소·철회·정지 등 행정

족연금·상이연금 등의 보상을 지급받을 수 있을 때에는 이 법
및 「민법」에 따른 손해배상을 청구할 수 없다. ② 제1항 본문의
경우에 공무원에게 고의 또는 중대한 과실이 있으면 국가나 지
방자치단체는 그 공무원에게 구상(求償)할 수 있다.

처분에 갈음하여 부과하는 과징금 등 **제재적 공과금**
이 있다.

각종 사회복지법제는 그 위반에 대하여 행정벌을
부과하는 규정을 두고 있다. 그리고 사회복지사업자
등이 그 의무를 위반한 경우 그 허가를 취소하는 등
제재를 가할 수 있다.[40]

V. 사회법과의 관계

1. 사회법의 개념

오늘날 사회법의 독자적 영역이나 그 특성을 인정
할 수 있느냐에 관하여는 많은 이론과 의문이 제기
되고 있다.

이에 관하여 포괄적 의미의 사회법개념의 인정에

---

[40] 보건복지부장관, 시·도지사 또는 시장·군수·구청장은 사회복지시
설을 점검하여 필요한 경우에는 그 시설의 개선, 사업의 정지,
시설의 장의 교체를 명하거나 시설의 폐쇄를 명할 수 있다(사복
제40조 제1항). 그리고 시·도지사는 사회복지법인이 일정사유에
해당할 때에는 기간을 정하여 시정명령을 하거나 설립허가를
취소할 수 있다.

는 난점이 있다는 견해가 있다. 그러나 사회보장법, 노동법, 경제법 등이 독자적인 법영역으로 발전하였다고 하더라도 이러한 법률의 이념이 인간다운 생활권의 보장이라는데 공통점을 가지고 있다.

그리고 이를 실현하기 위한 권리를 통칭하여 **사회적 기본권**이라 부르며, 이러한 법률들이 모두 근대 시민법원리의 수정법이라는 점에서 본다면 이러한 법률을 포괄적으로 통칭하는 추상적 개념으로서의 사회법은 그 의의가 크다고 생각한다.

2. 현대 사회법원리의 실현

사회법의 성격에 관하여는 일반적으로 **공법과 사법의 중간** 혹은 **공법과 사법의 이중적 성격**으로 해석하는 견해가 많다. 그러나 이러한 견해는 사회법의 본질에 대한 설명이라기보다는 단편적인 성격을 묘사한 것에 불과하다.

근대 시민법의 사회법화는 공법과 사법의 영역에 모두 나타나고 있다. 즉, 공법은 자체적으로 변화되었는네, 근내 입헌주의헌법은 현대 사회주의헌법으로, 질서행정법은 급부행정법으로 발전하였다.

그러나 사법은 내용이 방대하고 복잡하기 때문에 기존의 민법과 상법의 체제는 그대로 두고, 새로운 현대 사회법 영역이 탄생되어 공존하고 있다. 그 적용에 있어서는 사회법이 특별법에 해당하므로, 우선 적용된다.

〈표 12〉   근대 시민법의 사회법화

구 분	공 법	사 법
사회법화 현상	· 근대 입헌주의헌법 → 현대 사회주의헌법 · 질서행정법 → 급부행정법	· 근대 시민법(민법, 상법 등) → 근대 시민법(민법, 상법 등) + 현대 사회법(사회복지법, 노동법 등)
법의 존재형태	공법의 성격 변화 (체제내 흡수)	시민법과 사회법의 공존 (양 체제의 조화)

3. 사회법 및 노동법과의 관계

가. 사회복지법제와 사회법의 관계

위에서 설명한 바와 같이 사회법과 사회복지법제의 관계는 사회법의 개념에 관한 견해에 따라서 달라진다.

위의 견해 중 최광의의 개념과 광의의 개념은 사

회복지법보다 그 범위가 넓으며, 협의의 개념은 사
회복지법과 동일하다. 그리고 최협의의 개념은 사회
복지법 중의 일부(사회보험법)를 의미하므로 사회복지
법보다 더 좁은 개념이다.

〈표 13〉   사회법의 범위

사 회 법(광 의)						
사회복지법 (협의 사회법)	노동법	환경법	교육법	소비자 보호법	공정 거래법	그 밖의 인간 다운 생활을 보장하기 위한 법률

나. 사회복지법제와 노동법과의 관계

(1) 노동법의 개념

노동법은 노동기본권을 규정한 법이다. 헌법에서
보장하고 있는 행복추구권과 인간다운 생활권은 모든
국민에게 보장하고 있다. 특히 노동자는 일반적으로
사회적·경제적 약자의 지위에 있으므로, 스스로의 힘
으로 이러한 권리를 실현하기 어려운 입장에 있을 뿐
만 아니라 타인 특히 사용자로부터 이러한 권리의 행
사를 침해받을 가능성이 크다. 따라서 국가정책적인

견지에서 더욱더 철저한 보호가 필요하다. 이러한 측
면에서 **노동기본권41)**을 보장하고 있다.

(2) 노동법의 내용

이상의 노동기본권을 실현하기 위하여 아래와 같은
여러 가지 법률들을 제정하여 운용하고 있다.

〈표 14〉   노동기본권과 노동법의 관계

구 분	노동3권	근로의 권리	그 외 인간다운 생활권
법 률	노동조합 및 노동관계 조정법	근로기준법, 최저임금법, 임금채권보장법, 남녀고용평등법42) 등	산업재해보상보험법, 고용보험법 등
내 용	1. 단결권: 노동조합의 설립 및 활동 2. 단체교섭권: 근로조건에 관하여 노동조합의 대표자가 사용자와 단체교섭 및 단체협약 체결 3. 단체행동권: 단체교섭의 결렬시 노동쟁의 등 단체행동보장(민·형사 면책) 4. 부당노동행위: 노동3권 행사를 침해하는 행위 금지	1. 최저근로조건 법정: 최저근로조건 하회하는 근로계약 금지 2. 임금, 퇴직금 제도 보장: 최저임금 규정 및 우선변제권 보장 3. 해고 제한: 정당한 이유없는 해고 금지 4. 남녀차별금지: 부당한 남녀차별 금지 및 일·가정 양립지원	1. 산재보상: 업무상 재해의 경우 사용자의 고의·과실 유무와 변제능력과 무관하게 보상 2. 고용보험: 실업자의 생활안정도모 및 실업의 예방, 고용의 촉진, 근로자의 직업능력 개발과 향상, 국가의 직업지도와 직업소개기능 강화

---

41) 그 핵심적인 권리가 단결권, 즉 노동3권이며, 그 외 근로의 권
리, 산재보상청구권, 안전과 보건청구권, 실업보상청구권 등이
있으며, 이외에도 구체적으로 명시되지는 않았지만, 노동자의 인
간다운 생활권과 행복추구권을 실현하기 위한 하위 권리를 총칭
한다고 보아야 할 것이다.

42) 이 법의 명칭은 「남녀고용평등과 일·가정 양립 지원에 관한

(3) 사회복지법제와 노동법의 관계

　사회복지법제는 '국민 전체'의 인간다운 생활권을 보장하기 위한 법이고, 노동법은 '노동자'의 인간다운 생활권을 보장하기 위한 법이다.[43)]

　따라서 동일하게 사회법의 영역에 속하며, 그 이념도 같지만 적용대상이 다르다는 점에서 "형제의 관계"로 보기도 한다. 또 한편으로는 노동자도 국민에 속하기 때문에 노동법은 "광의의 사회복지법제"라고도 볼 수 있다.

Ⅵ. 조세법과의 관계

1. 조세법의 개념

　조세법은 "조세의 부과와 징수에 관한 일련의 법체계"이며, ① 조세실체법, ② 조세절차법, ③ 조세쟁송법, ④ 조세형법 등으로 구성되어 있다.

　법률」이다.

43) 일반 국민은 사회복지법제만 적용받지만, 노동자는 사회복지법제와 노동법을 이중으로 적용받는다.

2. 사회복지관련 체납처분

사회복지법제에서 규정한 보험료 등을 징수하기 위하여 강제집행을 행할 수도 있지만, 특별히 국세징수법상의 **체납처분절차**44)도 원용할 수 있도록 하고 있다.45)

3. 각종 세제상 지원제도

사회복지정책상 각종 세제상의 지원제도를 두고 있다. 예를 들면, 장애인복지법상 국가와 지방자치단체, 공공기관, 지방공사 또는 지방공단은 장애인과 장애인을 부양하는 자의 경제적 부담을 줄이고 장애인의 자립을 촉진하기 위하여 세제상의 조치, 공공시설 이용료 감면, 그 밖에 필요한 정책을 강구하여

---

44) 체납처분절차는 납세의무의 이행이 없는 경우에 납세자의 재산으로부터 조세채권의 강제적 실현을 도모하는 강제징수절차이다.

45) 이를 규정한 법률로는, 국민기초생활보장법(제46조 제3항), 긴급복지지원법(제15조 제4항), 장애인연금법(제17조 제3항), 장애인복지법(제51조 제2항, 제3항), 장애아동복지지원법(제29조 제2항), 한부모가족지원법(제25조의2 제2항), 국민건강보험법(제81조 제3항, 제84조 제1항) 등이 있다.

야 한다(제30조 제1항).46)

4. 사회복지급여에 대한 과세문제

사회복지급여에 대한 과세는 일반적으로, ① 공공부조에 대하여는 면세하고, ② 사회보험급여에 대하여는 과세하는 것이 바람직하다고 주장되고 있다.

Ⅶ. 민사집행법과의 관계

1. 민사집행법의 개념

민사집행은 민사상 권리의 강제적 실현을 목적으로 하는 절차를 말하며, 민사집행법이라는 명칭을 가진 법률을 "형식적 의미의 민사집행법"이라 하고, 민사집행과 관련된 법규의 총체를 "실질적 의미의 민사집행법"이라 한다. 사회복지법제에서 규정한 보험료 등을 징수하기 위하여 **강제집행**을 행할 수

---

46) 그리고 각종 기부행위에 대하여도 소득세 등에 혜택을 주고 있지만, 미흡한 것으로 지적되고 있다.

도 있지만, 특별히 국세징수법상의 **체납처분절차도**
원용할 수 있도록 하고 있다.

2. 사회복지 부담금의 징수방법

사회복지법제에서 규정한 보험료 등을 징수하기 위
하여 특별히 국세징수법상의 **체납처분절차를** 원용할
수 있지만, 민사채권의 강제집행을 행할 수도 있다.47)

Ⅷ. 국제법과의 관계

1. 국제법의 개념

처음 국제법은 **"국가 간의 법"**(A Law Between Sates)
으로 인식되었으나, 오늘날에는 국가뿐만 아니라 **국
제기구나 개인** 등도 제한된 범위내에서는 국제법의
주체로 인식되고 있다.

---

47) 강제집행절차와 체납처분절차를 조정하는 법률이 없으므로 한
   쪽의 절차가 다른 쪽의 절차에 간섭할 수 없으며, 각 채권자는 양
   절차에 모두 참여할 수 있다.

국제법과 국내법이 특정사항에 대하여 상충되는 경우, 어느 법을 적용 할 것인가에 대한 문제가 제기되는데, 이에 관하여는, 아래와 같이 두 가지 견해가 있다.

① 국제법과 국내법은 서로 적용되는 영역이 다를 뿐만 아니라, 법원, 주체, 성립형식 및 규율대상 면에서 전혀 별개의 법체계를 구성하므로 상호간에 아무런 연관성이 없다는 **이원론**이다. 이 주장에 따르면 국제법은 그 자체로 국내법이 될 수 없으므로, 두 법이 직접 저촉되는 일은 있을 수 없다고 한다. 국제법이 국내사회에 적용되기 위해서는 국내법으로 변형하여 적용해야 한다고 한다.

② 국제법과 국내법은 별개의 독립된 법질서가 아니라 하나의 통일적인 법체계를 형성하기 때문에, 국제법과 국내법이 상호 저촉 시에는 하나가 상위 또 다른 하나는 하위의 법질서를 유지함으로써 해결된다고 주장한다. 이에는 다음 세 가지로 나누어진다.

국내법우위론은 모든 법은 국가의사를 기초로 하는 것이므로 국제법도 국가의사에 연유하는 법이므로 국내법의 연장 내지는 대외적 국내법이라고 한다.

이에 반하여 **국제법우위론**은 국제법이 개별적 국내법에 우선시되는 상위의 법으로서 국내법을 구속하며 국내법을 성립시키는 기초가 된다고 한다.

마지막 **등위이론**은 국제법과 국내법이 각각 별개의 고유의 분야에서 최고이며, 법체계 그 자체로는 저촉도 우열관계도 발생하지 않는다고 한다.

우리나라의 헌법은 "헌법에 의해서 체결, 공포된 조약과 일반적으로 승인된 국제법규는 국내법과 같은 효력을 가진다(제6조 제1항)." 라고 규정하고 있는데, 여기서의 국내법의 범위에 관하여 헌법재판소는 헌법은 포함되지 않는다고 해석하고 있다.[48] **다수설**은 이러한 해석을 지지하고 있다. 따라서 **조약과 국제관습법은 대한민국 헌법보다는 하위에 있고 법률과 동위에 있으며, 위헌심사의 대상이 된다고 본다.**

2. 사회복지에 관한 국제조약 및 권고

1960년대 들어 UN을 중심으로 사회복지에 관한 많은 국제조약을 채택하였다. 국제기구에 의해서 형성된 사회복지 국제기준의 효력은 우선 해당 국가가

---

48) 헌법재판소 2013년 11월 28일 선고, 2012헌마166 결정.

이를 **비준**하여야 한다. 해당 국제기구의 회원이라고
해서 곧 회원국에 해당하는 협약이 직접 효력을 갖
는 것은 아니다.

그리고 비준을 하였더라도 조약의 내용이 이를 직
접 원용할 수 있을 정도로 **명확하게 형성**되어 있어야
하며, **직접 의무를 부과하는 내용**이 있어야 하고, 국
가의 조약이행을 위한 **매개조치가 필요없이 실현**될
수 있어야 한다. 사회복지에 관한 주요 조약과 권고
의 내용은 앞(P.40~41)에서 본 바와 같다.

3. 사회보장협정

상호주의 정신49)에 따라 우리나라가 다른 나라가
맺는 사회보장에 관한 약정 또는 협정을 말한다.50)

---

49) 기본법 제8조(외국인에 대한 적용) 국내에 거주하는 외국인에게
　　사회보장제도를 적용할 때에는 상호주의의 원칙에 따르되, 관계
　　법령에서 정하는 바에 따른다.

50) 이는 주로 ① 2개국 이상에서 근로를 하거나 자영업을 하는 경
　　우 사회보험료 부담을 이중으로 납부하지 않게 할 필요가 있고
　　(**이중가입배제**), ② 이민이나 장기체류 등으로 2개국 이상에서
　　거주하는 경우 한쪽만으로 연금수급요건을 충족하지 못하는 경
　　우 합산하여 연금을 받을 수 있도록 할 필요가 있고(**가입기간의
　　합산**), ③ 외국에 거주하는 경우 거주하는 국가의 국민에 준하
　　여 대우를 받을 수 있게 할 필요가 있으며(**내외국인 동등대우**),

우리나라는 아래 〈표 15〉에서 보는 바와 같이, 2018년 12월 현재 37개국과 협정을 체결하였고, 그 중 32개국과의 협정이 발효 중이다.

〈표 15〉   사회보장협정 시행현황(2018년 11월 현재)

① 가입기간 합산 및 보험료 면제 협정(22개국)	② 보험료 면제 협정 (10개국)
캐나다, 미국, 독일, 헝가리, 프랑스, 호주, 체코, 아일랜드, 벨기에, 폴란드, 슬로바키아, 불가리아, 루마니아, 오스트리아, 덴마크, 인도, 스페인, 터키, 스웨덴, 브라질, 핀란드, 퀘백	이란, 영국, 네덜란드, 일본, 이탈리아, 우즈베키스탄, 몽골, 중국, 스위스, 칠레

* ① 양국 연금 가입기간 합산과 보험료 면제가 모두 가능한 협정
  ② 양국 연금 가입기간 합산은 불가능, 보험료 면제만 가능한 협정

---

④ 타국에서 연금을 수령할 경우 송금을 자유롭게 허용할 필요 (**연금 송금 보장**) 등으로 체결된다.

제 5 절

사회보장제도의 운영 원칙

I. 사회보장제도의 기본법

1. 사회보장기본법

사회보장기본법51)은 사회보장에 관한 다른 법률을 제정하거나 개정하는 경우에는 이 법에 부합되도록 하여야 한다(제4조)고 하여 사회보장법의 **기본법 혹은 상위법**의 성격을 명확히 하고 있다.

그리고 이 법은 **사회복지법제의 총칙 혹은 총론**이라 할 수 있으므로, 제정된 현행 사회복지법제 중에서 가장 중요한 법이라 할 수 있다.

---

51) 사회보장법의 기본원칙을 규정한 **사회보장에 관한 법률**이 1963년 제정되었다. 그러나 이 법은 전체조문이 7개조에 불과할 뿐만 아니라 내용이 매우 미흡하였고, 소관부처도 명확하게 규정하지 아니하여 사회보장의 기본원칙으로서의 기능을 제대로 수행하지 못하였다. 이 법은 1995년 **사회보장기본법**이 제정되면서 폐지되었다.

국가는 사회보장제도의 안정적인 운영을 위하여 중장기 사회보장 재정추계를 격년으로 실시하고 이를 공표하여야 한다(제5조 제4항). 그리고 관계 법령에서 정하는 바에 따라 **최저보장수준**과 **최저임금**52)을 매년 공표하여야 하며(제10조 제2항), 이 최저보장수준과 최저임금 등을 고려하여 사회보장급여의 수준을 결정하여야 한다(제10조 제3항).

국가와 지방자치단체는 모든 국민의 인간다운 생활을 유지·증진하는 책임을 가지며(제5조 제1항), 사회보장에 관한 책임과 역할을 합리적으로 분담하여야 한다(제5조 제2항). 그리고 모든 국민이 **건강하고 문화적인 생활**을 유지할 수 있도록 사회보장급여의 수준 향상을 위하여 노력하여야 한다(제10조 제1항).53)

국가와 지방자치단체는 모든 국민이 생애 동안 삶의 질을 유지·증진할 수 있도록 **평생사회안전망을 구축**하여야 한다(제22조 제1항). 그리고 평생사회안전망을 구축·

---

52) 2016년 최저임금(시간급: 6,030원, 월환산액: 1,260,270원)
　　→ 2017년 최저임금(시간급: 6,470원, 월환산액: 1,352,230원)
　　→ 2018년 최저임금(시간급: 7,530원, 월환산액: 1,573,770원)
　　→ 2019년 최저임금(시간급: 8,350원, 월환산액: 1,745,150원).

53) 여기서 "건강하고 문화적인 생활수준"은 예산에 의하여 결정되는 것이 아니고, 사전에 예산결정에 반영되어야 한다: 권영성, 「헌법학원론」(2001), 565면.

운영함에 있어 사회적 취약계층을 위한 공공부조를 마련
하여 최저생활을 보장하여야 한다(제22조 제2항).

그리고 모든 국민의 인간다운 생활과 자립, 사회참여,
자아실현 등을 지원하여 삶의 질이 향상될 수 있도록 **사
회서비스에 관한 시책**을 마련하여야 한다(제23조 제1항).

국가와 지방자치단체는 **사회서비스 보장과 소득보
장이 효과적이고 균형적으로 연계**되도록 하여야 한다
(제23조 제2항). 나아가 다양한 사회적 위험 하에서도 모
든 국민들이 인간다운 생활을 할 수 있도록 **소득을
보장하는 제도**를 마련하여야 한다(제24조 제1항). 국가와
지방자치단체는 공공부문과 민간부문의 소득보장제도
가 **효과적으로 연계**되도록 하여야 한다(제24조 제2항).

보건복지부장관은 관계 중앙행정기관의 장과 협의하여 사
회보장 증진을 위하여 **사회보장에 관한 기본계획**(다음부터 '기
본계획'이라 한다)을 **5년마다 수립**하여야 한다(제16조 제1항).

2. 사회보장급여법

**사회보장급여의 이용·제공 및 수급권자 발굴에
관한 법률**54)(다음부터 '사회보장급여법'이라 한다)은 기본
법에 따른 사회보장급여의 이용 및 제공에 관한 기

준과 절차 등 기본적 사항을 규정하고 지원을 받지 못하는 지원대상자를 발굴하여 지원함으로써, 사회 보장급여를 필요로 하는 사람의 인간다운 생활을 할 권리를 최대한 보장하고, 사회보장급여가 공정하고 효과적으로 제공되도록 하며, 사회보장제도가 지역 사회에서 통합적으로 시행될 수 있도록 그 기반을 구축하는 것을 목적으로 한다(제1조).

사회보장급여의 이용 및 제공에 필요한 기준, 방 법, 절차와 지원대상자의 발굴 및 지원 등에 관하여 는 **다른 법률에 특별한 규정이 있는 경우**를 제외하 고는 이 법에 따른다(제3조).

II. 사회보장제도의 운영 및 정보의 관리

1. 사회보장제도의 운영원칙

국가와 지방자치단체가 사회보장제도를 운영할 때

---

54) 이 법은 2014년 12월 30일 제정(법률 제12935호)되어 2015년 7월 1일부터 시행되었다.

에는 이 제도를 필요로 하는 **모든 국민에게 적용**하여
야 한다(제25조 제1항). 그리고 **사회보장제도의 급여 수
준과 비용 부담 등에서 형평성**을 유지하여야 한다(제25
조 제2항). 사회보장제도의 정책 결정 및 시행 과정에
공익의 대표자 및 이해관계인 등을 참여시켜 이를 **민
주적으로 결정하고 시행**하여야 한다(제25조 제3항). 그리
고 국민의 다양한 복지 욕구를 효율적으로 충족시키기
위하여 **연계성과 전문성**을 높여야 한다(제25조 제4항).

　사회보험은 국가의 책임으로 시행하고, **공공부조
와 사회서비스**는 국가와 지방자치단체의 책임으로
시행하는 것을 원칙으로 한다. 다만, 국가와 지방자
치단체의 재정 형편 등을 고려하여 이를 협의·조정
할 수 있다(제25조 제5항).

2. 국가와 지방자치단체의 역할

　국가와 지방자치단체는 사회보장제도를 신설하거
나 변경할 경우 기존 제도와의 관계, 사회보장 전달
체계와 재정 등에 미치는 영향 등을 **사전에 충분히
검토하고 상호협력**하여 사회보장급여가 중복 또는
누락되지 아니하도록 하여야 한다(제26조 제1항).

중앙행정기관의 장과 지방자치단체의 장은 사회보장제도를 신설하거나 변경할 경우 신설 또는 변경의 타당성, 기존 제도와의 관계, 사회보장 전달체계에 미치는 영향 및 운영방안 등에 대하여 **보건복지부장관과 협의**하여야 한다(제26조 제2항). 협의가 이루어지지 아니할 경우 위원회가 이를 조정한다(제26조 제3항).

국가와 지방자치단체는 사회보장에 대한 **민간부문의 참여**를 유도할 수 있도록 정책을 개발·시행하고 그 여건을 조성하여야 한다(제27조 제1항). 그리고 사회보장에 대한 민간부문의 참여를 유도하기 위하여 시책을 수립·시행할 수 있다(제27조 제2항).

나아가 국민생활에 중대한 영향을 미치는 사회보장 계획 및 정책을 수립하려는 경우 공청회 및 정보통신망 등을 통하여 **국민과 관계 전문가의 의견을 충분히 수렴**하여야 한다(제40조).

3. 사회보장급여의 전달체계와 관리체계

국가와 지방자치단체는 모든 국민이 쉽게 이용할 수 있고 사회보장급여가 적시에 제공되도록 **지역적·기능적으로 균형잡힌 사회보장 전달체계를 구축**하여야 한다(제29조 제1항).

그리고 사회보장 전달체계의 효율적 운영에 필요한 조직, 인력, 예산 등을 갖추고(제29조 제2항), **공공부문과 민간부문의 사회보장 전달체계가 효율적으로 연계**되도록 노력하여야 한다(제29조 제3항).

그리고 국민의 사회보장수급권의 보장 및 재정의 효율적 운용을 위하여 **사회보장급여의 관리체계를 구축·운영**하여야 한다(제30조 제1항).

4. 전문인력의 양성 등

국가와 지방자치단체는 사회보장제도의 발전을 위하여 **전문인력의 양성, 학술 조사 및 연구, 국제 교류의 증진 등**에 노력하여야 한다(제31조). 그리고 효과적인 사회보장정책의 수립·시행을 위하여 **사회보장에 관한 통계**(다음부터 '사회보장통계'라 한다)를 작성·관리하여야 한다(제32조 제1항). 또한 사회보장제도에 관하여 국민이 필요한 정보를 관계 법령에서 정하는 바에 따라 **공개하고, 이를 홍보**하여야 한다(제33조).

그리고 사회보장 관계 법령에서 규정한 권리나 의무를 해당 **국민에게 설명**하도록 노력하여야 한다(제34조).

그리고 사회보장 관계 법령에서 정하는 바에 따라 사회보장에 관한 **상담**에 응하여야 하고(제35조), 사회보장 관계 법령에서 정하는 바에 따라 사회보장에 관한 사항을 해당 국민에게 알려야 한다(제36조).

5. 사회보장정보의 관리

국가와 지방자치단체는 국민편익의 증진과 사회보장 업무의 효율성 향상을 위하여 사회보장업무를 **전자적으로 관리**하도록 노력하여야 한다(제37조 제1항). 국가는 관계 중앙행정기관과 지방자치단체에서 시행하는 사회보장수급권자 선정 및 급여 관리 등에 관한 **정보를 통합·연계하여 처리·기록 및 관리하는 시스템**(다음부터 '사회보장정보시스템' 이라 한다)을 구축·운영할 수 있다(제37조 제2항).

국가와 지방자치단체는 사회보장 관련 계획 및 정책의 수립·시행, 사회보장통계의 작성 등을 위하여 관련 공공기관, 법인, 단체 및 개인에게 **자료제출 등 필요한 협조를 요청**할 수 있다(제41조 제1항). 사회보장 업무에 종사하거나 종사하였던 자는 사회보장업무 수행과 관련하여 알게 된 개인·법인 또는 단체의 **정보를 관계 법령에서 정하는 바에 따라 보호**하여야 한다(제38조 제1항).

Ⅲ. 사회보장급여의 제공 방법

1. 급여제공의 기본원칙

사회보장급여가 필요한 사람은 누구든지 자신의 의사에 따라 사회보장급여를 신청할 수 있다(제4조 제1항). **보장기관**은 이에 필요한 안내와 상담 등의 지원을 충분히 제공하여야 하며(제4조 제1항), 지원이 필요한 국민이 급여대상에서 누락되지 아니하도록 지원대상자를 적극 발굴하여 이들이 필요로 하는 사회보장급여를 적절하게 제공받을 수 있도록 노력하여야 한다(제4조 제2항). 그리고 국민의 다양한 복지욕구를 충족시키고 **생애주기별 필요**에 맞는 사회보장급여가 공정·투명·적정하게 제공될 수 있도록 노력하여야 한다(제4조 제3항).

중앙행정기관의 장 및 시·도지사는 시·도 및 시·군·구 간 **사회보장 수준의 차이를 최소화**하기 위하여 예산 배분, 사회보장급여의 제공 기관 등의 배치 등에 필요한 조치를 하여야 한다(제45조).

2. 사회보장급여의 신청

지원대상자와 그 친족, 민법에 따른 **후견인**, 청소년 기본법에 따른 **청소년상담사·청소년지도사**, 지원대 상자를 **사실상 보호하고 있는 자**(관련 기관 및 단체의 장 을 포함한다) 등은 지원대상자의 주소지 관할 보장기관 에 사회보장급여를 신청할 수 있다(제5조 제1항).

3. 신청에 대한 조사

보장기관의 장은 사회보장급여의 신청을 받으면 필 요한 사항을 조사하여야 한다(제6조). 보장기관의 장은 사회보장급여의 신청을 받으면 지원대상자와 그 부양의 무자(배우자와 1촌의 직계혈족 및 그 배우자를 말한다.)에 대하 여 사회보장급여의 수급자격 확인을 위하여 **관련 자료 또는 정보**를 제공받아 조사하고 처리(「개인정보 보호법」 제 2조제2호의 처리를 말한다.)할 수 있지만, 부양의무자에 대 한 조사가 필요하지 아니하거나 그 밖에 대통령령으로 정하는 사유에 해당하는 경우는 제외한다(제7조 제1항).

사회보장급여의 제공을 위하여는 사전조사가 필요하 다. 특히 공공부조에 있어서는 자력조사가 필수적이다.

이는 주로 **금융정보 조회절차**를 통하여 행한다. 중앙
행정기관의 장 또는 지방자치단체의 장은 지원대상자
와 그 부양의무자에 대하여 금융정보 등에 대한 조사
가 필요한 경우 관련 자료 또는 정보55)의 제공에 대하
여 **동의한다는 서면**을 받아야 한다(제8조 제1항).

4. 사회보장급여 제공의 결정

보장기관의 장이 조사를 실시한 경우에는 **사회보
장급여의 제공 여부 및 제공 유형을 결정**하되, 제공
하고자 하는 사회보장급여는 지원대상자가 현재 제
공받고 있는 사회보장급여와 보장내용이 중복되도록
하여서는 아니 된다(제9조 제1항).

---

55) ① 「금융실명거래 및 비밀보장에 관한 법률」(다음부터 '금
   융실명법'이라 한다) 제2조 제2호 및 제3호의 금융자산 및
   금융거래의 내용에 대한 자료 또는 정보 중 예금의 평균잔액
   과 그 밖에 대통령령으로 정하는 자료 또는 정보(다음부터
   '금융정보'라 한다) ② 「신용정보의 이용 및 보호에 관한 법
   률」(다음부터 '신용정보법'이라 한다) 제2조 제1호의 신용정
   보 중 채무액과 그 밖에 대통령령으로 정하는 자료 또는 정
   보(다음부터 '신용정보'라 한다) ③ 「보험업법」제4조 제1항
   에 따른 보험에 가입하여 낸 보험료와 그 밖에 대통령령으로
   정하는 자료 또는 정보(다음부터 '보험정보'라 한다) 등이다.

5. 지원대상자의 발굴

보장기관의 장은 지원대상자를 발굴하기 위하여 관련 자료 또는 정보의 제공과 홍보에 노력하여야 한다(제10조). **보장기관의 장**은 관할 지역에 거주하는 지원대상자를 발굴하기 위하여 관계 기관·법인·단체·시설의 장에게 소관 업무의 수행과 관련하여 취득한 정보의 공유, 지원대상자의 거주지 등 현장조사 시 소속 직원의 동행 등 필요한 사항에 대한 협조를 요청할 수 있으며, 관계 기관·법인·단체·시설의 장은 정당한 사유가 없으면 이에 따라야 한다(제11조).

6. 사회보장급여의 제공

보장기관의 장은 사회보장급여의 제공을 결정한 때에는 필요한 경우 **수급권자별 사회보장급여 제공계획**(다음부터 '지원계획' 이라 한다)을 수립하여야 하며, 이 경우 수급권자 또는 그 친족이나 그 밖의 관계인의 의견을 고려하여야 한다(제15조 제1항).

보장기관의 장은 수급자에 대한 사회보장급여의 적정성을 확인하기 위하여 관련정보를 조사할 수 있으며(제19조 제1항), **사회보장급여를 제공받는 수급자는 주기적으로 또는 기간을 정하여** 거주지, 세대원, 소득·재산 상태, 근로능력, 다른 급여의 수급이력 등 (제7조 제1항 각 호의 사항)이 변동되었을 때에는 지체 없이 관할 보장기관의 장에게 신고하여야 한다(제20조).

보장기관의 장은 사회보장급여의 적정성 확인조사 및 수급자의 변동신고에 따라 수급자 및 그 부양의무자의 인적사항, 가족관계, 소득·재산 상태, 근로능력 등에 변동이 있는 경우에는 직권 또는 수급자나 그 친족, 그 밖의 관계인의 신청에 따라 수급자에 대한 **사회보장급여의 전부 또는 일부를 중지**하거나 그 **종류· 지급방법 등을 변경**할 수 있다(제21조 제1항 ~ 제3항).

7. 사회보장정보시스템의 운영

보건복지부장관은 보장기관이 수급권자의 선정 및 급여관리 등에 관한 업무를 효율적으로 수행할 수 있도록 기본법에 따른 **사회보장정보시스템**을 통하여 관련 자료 또는 정보(다음부터 '사회보장정보' 라 한다)를 처리할 수 있다(제23조 제1항).

사회보장정보시스템의 운영·지원을 위하여 **사회보장정보원**을 설립하며(제29조 제1항), 이는 법인으로 한다(제29조 제2항).

보장기관의 장 및 사회보장정보원의 장은 사회보장정보를 **5년이 지나면 원칙적으로 이를 파기**하여야 하지만, 대통령령으로 정하는 지원대상자의 보호에 필요한 사회보장정보는 5년을 초과하여 보유할 수 있다(제34조).

정보관련 업무에 **종사하거나 종사하였던 사람**은 직무상 알게 된 비밀을 다른 사람에게 누설하거나 직무상 목적 외의 용도로 이용하여서는 아니 된다(제49조).

제 6 절

사회복지급여와 재정

Ⅰ. 비용부담의 기본원칙

1. 합리적 조정의 원칙

사회보장 비용의 부담은 각각의 사회보장제도의 목적에 따라 **국가, 지방자치단체 및 민간부문 간에 합리적으로 조정**되어야 한다(제28조 제1항).

2. 사회복지 분야별 비용부담 원칙

사회보험에 드는 비용은 사용자, 피용자(被傭者) 및 자영업자가 **보험료**로 부담하는 것을 원칙으로 하되, 관계 법령에서 정하는 바에 따라 국가가 그 비용의 일부를 부담할 수 있다(제28조 제2항).

공공부조 및 관계 법령에서 정하는 **일정 소득 수준 이하의 국민에 대한 사회서비스**에 드는 비용의 전부 또는 일부는 국가와 지방자치단체가 부담한다(제28조 제3항).

부담 능력이 있는 국민에 대한 사회서비스에 드는 비용은 그 수익자가 부담함을 원칙으로 하되, 관계 법령에서 정하는 바에 따라 국가와 지방자치단체가 그 비용의 일부를 부담할 수 있다(제28조 제4항).

국가나 지방자치단체는 사회복지사업을 하는 자 중 다음의 자에게 운영비 등 필요한 비용의 전부 또는 일부를 보조할 수 있다(사복 제42조 제1항, 영 제20조).[56)]

① 사회복지법인, ② 사회복지사업을 수행하는 비영리법인, ③ 사회복지시설 보호대상자를 수용하거나 보육·상담 및 자립지원을 하기 위하여 사회복지시설을 설치·운영하는 개인.

Ⅱ. 사회보험료의 부담자

1. 건강보험료

가. 직장 가입자의 보험료

직장가입자의 월별 보험료액은 다음과 같다(제69조 제4항).

① 보수월액보험료: 보수월액 × 보험료율[57)]
② 소득월액보험료: (소득월액 × 보험료율) / 2

---

56) **보건복지부장관**은 시·도지사 및 시장·군수·구청장에게 사회복지사업의 수행에 필요한 비용을 지원할 수 있다(사복 제42조의3 제1항).

57) 2019년 직장가입자의 보험료율은 **1만분의 646**이다(제73조, 영 제44조).

나. 지역 가입자의 보험료

지역가입자의 월별 보험료액은 세대 단위로 산정하되, 지역가입자가 속한 세대의 월별 보험료액은, **보험료부과점수**에 보험료부과 **점수당 금액**을 곱한 금액으로 한다(제69조 제5항).

다. 보험료의 부담자

직장가입자의 보수월액보험료는 직장가입자와 다음의 구분에 따른 자가 각각 보험료액의 100분의 50씩 부담하고(제76조 제1항 본문), **소득월액보험료**는 직장가입자가 부담한다(제76조 제2항). 이를 정리하면, 아래 〈표 16〉과 같다.

〈표 16〉 직장가입자 건강보험료의 종류 및 부담자

보험료의 종류	사업주	근로자
보수월액 보험료	2분의 1	2분의 1
소득월액 보험료	-	전 액

지역가입자의 보험료는 그 가입자가 속한 **세대의 지역가입자 전원**이 연대하여 부담하고(제76조 제3항), 납부한다(제77조 제2항 본문).

2. 국민연금보험료

가. 사업장가입자

기여금은 사업장가입자 본인(노동자)이 부담하고, **부담금**은 사용자가 부담한다(제88조 제3항).

나. 지역가입자 등

지역가입자·임의가입자 및 임의계속가입자의 연금보험료는 가입자 본인이 부담한다(제88조 제4항).

3. 산업재해보험료

산재보험사업에 소요되는 비용은 원칙적으로 **전액 사업자**(보험가입자)의 부담한다.[58] 2019년 산재보험 평균 보험료율은 업종 요율(1.50%)과 출퇴근 재해 요율(0.15%)을 합해 2018년보다 0.15%포인트 낮은 **1.65%**다.

4. 고용보험료

가. 보험료의 종류

고용보험료는 ① 고용안정·직업능력개발사업 보험료와 ② 실업급여의 보험료 두 가지이다(징수 제13조 제1항).

---

58) 보험료는 근로복지공단이 매월 부과하고, 건강보험공단이 이를 징수한다(제16조의2 제1항).

나. 보험료의 부담자

고용보험 가입자인 **근로자**가 부담하여야 하는 고용보험료는 자기의 보수총액에 **실업급여의 보험료율의 2분의 1을 곱한 금액**으로 한다(징수 제13조 제2항).

사업주가 부담하여야 하는 고용보험료는 그 사업에 종사하는 고용보험 가입자인 근로자의 개인별 보수총액에 다음을 각각 곱하여 산출한 각각의 금액을 합한 금액으로 한다(징수 제13조 제4항).

① 고용안정·직업능력개발사업의 보험료율
② 실업급여의 보험료율의 2분의 1

이상을 정리하면, 아래와 같다.

〈표 17〉   고용보험료의 종류 및 부담자

보험료의 종류	사업주	근로자
고용안정·직업능력개발사업의 보험료	전 액	-
실업급여의 보험료	2분의 1	2분의 1

〈표 18〉   고용보험료율(2019년)

구 분		보험료율
고용안정·직업능력개발사업의 보험료율	1. 상시근로자수가 150명 미만인 사업주의 사업	1만분의 25
	2. 상시근로자수가 150명 이상인 사업주의 사업으로서 「고용보험법 시행령」 제12조에 따른 우선지원 대상기업의 범위에 해당하는 사업	1만분의 45
	3. 상시근로자수가 150명 이상 1천명 미만인 사업주의 사업으로서 위 2.에 해당하지 않는 사업	1만분의 65
	4. 상시근로자수가 1천명 이상인 사업주의 사업으로서 위 2.에 해당하지 않는 사업 및 국가·지방자치단체가 직접 하는 사업	1만분의 85
실업급여의 보험료율		1천분의 13

5. 장기요양보험료

장기요양보험료는 국민건강보험법의 규정에 따라 산정한 보험료액에서 경감 또는 면제되는 비용을 공제한 금액에 **장기요양보험료율**[59)]을 곱하여 산정한 금액으로 한다(제9조 제1항).[60)]

---

59) 2019년의 장기요양보험료율은 **1만분의 851**이다(영 제4조).

60) 공단은 장기요양보험료를 **국민건강보험료와 통합하여 징수**하지만, 구분하여 고지하여야 한다(제8조 제2항), 장기요양보험료와 국민건강보험료를 **각각의 독립회계**로 관리하도록 한다(제8조 제3항).

제 2 장 기초생활 보장 법제

제 1 절

기초생활급여 보장 법제

I. 기초생활보장의 기본원리

1. 국가책임의 원리

현실적으로 생활불능상태에 있거나 생활이 곤궁한 상태에 있는 자는 국가 또는 공공단체에 대하여 기초생활의 보장을 청구할 수 있다.

이는 **공공부조**의 형태로 이루어지는데, 피보호자에 대하여 갹출이나 자기부담을 부과하지 않고, **국가가 부담함을 원칙**으로 한다.

2. 보편성의 원리

사회보장법에 있어서 보편성의 원리는 두 가지 의미를 가진다. 하나는 사회보장의 필요성이나 사회적 재해의 개념에 있어서 특정의 장애에 대하여 보장하는 것이 아니고 인간다운 생활을 하는데 **문제가 되는 내용은 모두 대상**으로 한다는 점이다.

또 하나는 특정의 국민에 대하여 보장하는 것이 아니고 인간다운 생활이 불가능한 **모든 국민을 대상**으로 한다. 즉, 생활보장은 대상자의 인종, 신조, 성별, 사회적 신분에 따른 차별이 없어야 하며, 빈곤의 정도에 상응하여 공평하게 행해져야 한다. 그리고 이는 대상의 요건으로 생활무능력자이면 족하고 그 원인에 상관없이 급여를 제공한다. 이를 **포괄성의 원리**라고도 한다.

3. 보충성의 원리

생활보장의 실시는 **세대를 단위**로 하여 자산 및 소득을 조사하고 보호대상자를 세대원 중 노동능력자 유무를 기준으로 구분하여 각기 필요한 보장을 행하는 것을 원칙으로 한다. 그러나 세대단위의 고정적, 형식적 운용을 회피하기 위하여 특히 필요하다고 인정하는 경우에는 **예외적으로 개인을 단위**로 사회보장급여를 제공할 수 있다.

생활무능력자의 의미에는 **자신의 자산이나 능력뿐만 아니라 부양의무자의 자산이나 능력**까지 포함하여 생각하여야 한다. 그리고 부양의무자의 부양과 다른 법령에 의한 보호가 우선되어야 한다.

그럼에도 불구하고 최저생활을 유지할 수 없는 때에 국가가 최종적 방법으로 보충적인 보장을 행하는 것이며, 이는 생활보장입법의 내재적·본질적 지표인 것이다. 그러나 급박한 사유가 있을 때는 이 보충성의 원리는 일시 정지된다.

4. 자력조사의 원리

공공부조의 위와 같은 특징은 생활곤궁의 실상이나 최저생활에 필요한 수요의 정도·범위를 확인할 필요에서 필연적으로 담당행정기관에 의한 **자력조사(means test)**의 절차를 요구하게 된다.

5. 최저생활보장의 원리

헌법에서 보장하는 인간다운 생활권은 건강하고 문화적인 최저생활수준 보장을 의미한다.[61]

---

61) 이에 관하여는 「국민기초생활 보장법」에서도 명확히 하고 있다(제1조).

이에 대하여는 두 가지 관점에서 보아야 한다. 일
반적으로 **적극적으로 최저생활을 유지할 수 있도록
하여야 한다는 의미**로 해석되지만, **소극적으로 그 이
상을 보장하지 않아야 한다는 의미**도 있다고 보아야
한다.62)

6. 계속보장의 원리

최저생활의 보장은 일시적이고 단편적인 지원이
아니고 **생활무능력의 상태가 계속되는 한 지원이 계
속**되어야 한다.

이는 사회보장의 목적이 인간다운 생활의 보장에
있고 생활보장입법이 스스로 인간다운 생활을 영위
할 수 없는 생활무능력자를 대상으로 한다는 점에서
볼 때 명백하다.

7. 자활조성의 원리

공공부조는 생활무능력자를 대상으로 하지만, 보호

---

62) 인간다운 생활을 위한 최저선의 보장까지는 현대 사회법원
리하에서 모든 국민의 부담을 전제로 국가가 책임을 지지만,
그 이상을 보장하기 위하여 일반 국민에게 조세 등 부담을
부과하는 것은 재산권의 침해가 될 수 있기 때문이다.

자체에 목적이 있는 것이 아니고 **독립적인 생활을 영위**할 수 있도록 지원하는데 목적이 있다.

그리고 자활조성은 취업을 지원하는 경제적 관점뿐만 아니라 인격적·사회적 자활도 중시하여야 한다. 그러나 이를 이유로 수급권을 부당하게 제한하여서는 아니된다.

8. 긴급지원의 원리

이에 관하여는 다음에 상세히 설명한다.

II. 국민기초생활보장법

1. 입법 과정

1961년 12월 30일 **생활보호법**(법률 제913호)을 제정하였으나, 재정사정상 전면적으로 시행하지 못하고 생계보호만 부분적으로 우선 실시하였다.

1997년 IMF 외환위기 이후 기업의 파산과 실업으

로 인한 사회문제가 고조되어 1999년 9월 7일 기존 생활보호법의 문제점을 개선하는 **국민기초생활보장법**을 제정하여 2000년 10월 1일부터 시행하였다.

2. 입법 목적

헌법에서 보장하고 있는 인간다운 생활권과 생활보장입법에 의하여, 스스로의 능력으로 인간다운 생활을 영위할 수 없는 모든 국민은 국가에 대하여 **기본적인 생활의 보장**을 청구할 수 있는 권리를 가진다.

이러한 청구권은 생활보장입법에 의하여 새로이 창설되는 권리가 아니고 헌법에서 보장하고 있는 인간다운 생활권을 실현하기 위한 권리로 해석하여야 한다. 이러한 사업을 **공공부조**(公共扶助)라 한다.

3. 기초생활보장급여

가. 기초생활보장급여의 종류

기초생활보장급여의 종류는 ① **생계급여**, ② **주거급여**, ③ **의료급여**, ④ **교육급여**, ⑤ **해산급여**(解産給與), ⑥ **장제급여**(葬祭給與), ⑦ **자활급여** 등이며(제7조 제1항),

수급자의 필요에 따라 급여의 전부 또는 일부를 실시하는 것으로 한다(제7조 제2항).

그리고 **차상위계층에 속하는 사람에 대한 급여**는 보장기관이 차상위자의 가구별 생활여건을 고려하여 예산의 범위에서 위 ②에서 ④까지, ⑥ 및 ⑦의 전부 또는 일부를 실시할 수 있다(제7조 제3항).

나. 생계급여

(1) 생계급여의 지급대상

생계급여 수급권자는 ① **부양의무자가 없거나, 부양의무자가 있어도 부양능력이 없거나 부양을 받을 수 없는 사람**으로서 ② **그 소득인정액이 중앙생활보장위원회의 심의·의결을 거쳐 결정하는 금액 이하인 사람**으로 하였다.

이 경우 생계급여 선정기준은 기준 중위소득의 100분의 30 이상으로 하며(제7조 제2항), 구체적인 선정기준은 다음과 같다.[63]

---

63) 2014년 12월 30일 개정시, **최저생계비제도를 폐지**하였다.

〈표 19〉   기준 중위소득 및 급여 선정기준(2019년)

1. 기준 중위소득

「국민기초생활 보장법」제2조 제11호에 따라 급여의 기준 등에 활
용하는 '기준 중위소득'을 다음과 같이 정한다.

구 분	1인	2인	3인	4인	5인	6인
금액 (원/월)	1,707,008	2,906,528	3,760,032	4,613,536	5,467,040	6,320,544

2. 급여의 선정기준

(단위 : 원/월)

가구원 수	1인	2인	3인	4인	5인	6인
교육급여 (중위 50%)	853,504	1,453,264	1,880,016	**2,306,768**	2,733,520	3,160,272
주거급여 (중위 44%)	751,084	1,278,872	1,654,414	**2,029,956**	2,405,498	2,781,039
의료급여 (중위 40%)	682,803	1,162,611	1,504,013	**1,845,414**	2,186,816	2,528,218
생계급여 (중위 30%)	512,102	871,958	1,128,010	**1,384,061**	1,640,112	1,896,163

현행법상 부양의무자는 수급권자를 부양할 책임이
있는 자로서, ① 수급권자의 1촌의 직계혈족 및 ②
그 배우자이다.[64]

(2) 생계급여의 내용

생계급여는 수급자에게 **의복, 음식물 및 연료비와 그 밖에 일상생활에 기본적으로 필요한 금품**을 지급하여 그 생계를 유지하게 하는 것으로 한다(제7조 제1항).

생계급여 최저보장수준은 생계급여와 소득인정액을 포함하여 생계급여 선정기준 이상이 되도록 하여야 한다(제7조 제3항).

그러나 **보장시설에 위탁**하여 생계급여를 실시하는 경우에는 보건복지부장관이 정하는 고시에 따라 그 선정기준 등을 달리 정할 수 있다(제7조 제4항).

(3) 생계급여의 지급방법

생계급여는 **금전을 지급**하는 것으로 한다. 다만, 금전으로 지급할 수 없거나 금전으로 지급하는 것이 적당하지 아니하다고 인정하는 경우에는 **물품을 지급**할 수 있다(제9조 제1항).

---

64) 종전에는 "직계혈족 및 그 배우자, 생계를 같이하는 2촌이내의 혈족"으로 규정하고 있었으나, 2004년 개정시 "1촌의 직계혈족"으로 제한하였고, 2005년 개정시 다시 "생계를 같이 하는 2촌 이내의 혈족"이 삭제되었다.

다. 자활 지원

(1) 자활급여의 제공

수급자의 자활을 돕기 위한 급여를 제공한다(제15조 제1항). 자활급여는 관련 공공기관·비영리법인·시설과 그 밖에 대통령령으로 정하는 기관에 **위탁**하여 실시할 수 있으며, 이에 드는 비용은 보장기관이 부담한다(제15조 제2항).

(2) 자활촉진사업 수행기관

수급자 및 차상위자의 자활촉진 사업을 수행하기 위하여 **중앙자활센터**를 둘 수 있다(제15조의2 제1항).

보장기관은 수급자 및 차상위자의 자활촉진에 필요한 사업을 수행하게 하기 위하여 사회복지법인 등 비영리법인과 단체를 법인등의 신청을 받아 특별시·광역시·특별자치시·도·특별자치도 단위의 **광역자활센터**로 지정할 수 있다(제15조의3 제1항).

그리고 보장기관은 **자활기금**을 적립할 수 있다(제18조의3 제1항).

4. 급여의 신청

수급권자와 그 친족, 그 밖의 관계인은 관할 시장·군수·구청장에게 수급권자에 대한 급여를 신청할 수 있다(제21조 제1항). 차상위자가 급여를 신청하려는 경우에도 같다.

그러나 모든 수급권자가 신청능력이 있는 것은 아니므로 **직권에 의해 보호**가 이루어 질 수 있다.

5. 신청에 의한 조사 등

시장·군수·구청장은 급여신청이 있는 경우에는 사회복지 전담공무원으로 하여금 **급여의 결정 및 실시 등에 필요한 사항을 조사**하게 하거나 수급권자에게 보장기관이 지정하는 의료기관에서 검진을 받게 할 수 있다(제22조 제1항).

그리고 수급권자 또는 그 부양의무자의 소득, 재산 및 건강상태 등을 확인하기 위하여 필요한 자료를 확보하기 곤란한 경우 수급권자 또는 부양의무자에게 **필요한 자료의 제출**을 요구할 수 있다(제22조 제2항).

사회보장급여 신청자에 대한 조사를 효율적으로 하기 위하여 **금융정보 조회절차**를 거친다(제21조 제2항, 제23조 제1항 ~ 제4항).

또한 급여의 종류별 수급자 선정기준의 변경 등에 의하여 수급권자의 범위가 변동함에 따라 다음 연도에 이 법에 따른 급여가 필요할 것으로 예측되는 수급권자의 규모를 조사하기 위하여 **차상위계층에 대하여 조사**할 수 있다(제24조 제1항).

6. 급여의 결정 등

시장·군수·구청장은 조사를 하였을 때에는 지체 없이 **급여 실시 여부와 급여의 내용을 결정**하여야 한다(제26조 제1항). 차상위계층을 조사한 시장·군수·구청장은 급여개시일이 속하는 달에 급여 실시 여부와 급여 내용을 결정하여야 한다(제26조 제2항).

그리고 결정을 하였을 때에는 **서면으로 수급권자 또는 신청인에게 급여의 신청일부터 30일 이내에 통지**하여야 한다(제26조 제3항, 제4항 본문).

7. 급여의 실시 등

급여 실시 및 급여 내용이 결정된 수급자에 대한 급여는 급여의 **신청일부터 시작**한다(제27조 제1항 본문). 보장기관이 급여를 금전으로 지급할 때에는 수급자의 신청에 따라 **수급자 명의의 지정된 계좌**로 입금하여야 한다(제27조의2 제1항 본문).

시장·군수·구청장은 수급자의 자활을 체계적으로 지원하기 위하여 수급자 **가구별로 자활지원계획**을 수립하고 그에 따라 이 법에 따른 급여를 실시하여야 한다(제28조 제1항).

8. 급여의 사후관리

보장기관은 수급자의 소득·재산·근로능력 등이 변동된 경우에는 직권으로 또는 수급자나 그 친족, 그 밖의 관계인의 신청에 의하여 그에 대한 **급여의 종류·방법 등을 변경**할 수 있다(제29조 제1항). 급여의 변경은 서면으로 그 이유를 구체적으로 밝혀 수급자에게 통지하여야 한다(제29조 제2항).

그리고 보장기관은 ① 수급자에 대한 급여의 전부 또는 일부가 필요 없게 된 경우와 ② 수급자가 급여의 전부 또는 일부를 거부한 경우에는 급여의 **전부 또는 일부를 중지**하여야 한다(제30조 제1항). **근로능력이 있는 수급자**가 조건을 이행하지 아니하는 경우 조건을 이행할 때까지 근로능력이 있는 수급자 본인의 생계급여의 전부 또는 일부를 지급하지 아니할 수 있다(제30조 제2항).

수급자는 거주지역, 세대의 구성 또는 임대차 계약내용이 변동되거나 제22조 제1항 각 호의 사항이 현저하게 변동되었을 때에는 지체 없이 관할 보장기관에 신고하여야 한다(제37조).

수급자에게 부양능력을 가진 **부양의무자**가 있음이 확인된 경우에는 보장비용을 지급한 보장기관은 생활보장위원회의 심의·의결을 거쳐 그 비용의 전부 또는 일부를 그 부양의무자로부터 부양의무의 범위에서 징수할 수 있다(제46조 제1항).

III. 의료급여법

1. 입법 과정

1961년 제정된 **생활보호법**에 근거하여 처음 실시된 의료보호는 생활보호대상자에게 국·공립 의료기관에서 무료진료서비스를 제공하는데 불과하였다.

1977년 12월 31일 제정된 **의료보호법**에 의하여 생활보호대상자에 대한 본격 의료보호가 행하여지기 시작하였다. 1991년 의료보호대상자를 확대하고 의료보호의 내용을 충실화하기 위하여 의료보호법을 전면개정하였고, 그 후 1993년, 1994년, 1999년 등 수차 개정하였다.

2001년 5월 24일 의료보호법 개정시 법률의 명칭을 **의료급여법**으로 변경하고, 2001년 10월 1일부터 시행하였다.

2. 입법 목적

의료급여에 필요한 사항은 따로 법률에서 정하도록

하였는데(제12조의3 제3항), **의료급여법**에서 상세히 규정하고 있다.

의료보호는 생활보호와 마찬가지로 스스로의 힘으로 개인의 의료문제를 해결하지 못하는 자에게 **국가가 무상으로 인간다운 생활을 위한 최소한의 의료서비스를 제공**하는 것이다.

3. 의료급여의 제공대상

의료급여법의 수급권자가 되려는 사람은 보건복지부령으로 정하는 바에 따라 특별자치시장·특별자치도지사·시장(특별자치도의 행정시장은 제외한다)·군수·구청장에게 **수급권자 인정 신청**을 하여야 한다(제3조의3 제1항).

시장·군수·구청장은 신청인을 수급권자로 인정하는 것이 타당한지를 확인하기 위하여 필요한 경우 그 신청인에게 국민기초생활 보장법에 따른 **자료 또는 정보의 제공에 동의한다는 서면**을 제출하게 할 수 있다(제3조의3 제2항).

시장·군수·구청장은 인정 신청을 한 사람(제3조 제1항 제3호 및 제4호에 해당하는 사람은 제외한다) 중에서 **수급권자의 인정 기준**에 따라 수급권자를 정하여야 한다(제3조의3 제5항).

의료급여 수급권자는 선정기준에 따라 **1종과 2종으로**

구분한다(제3조 제1항).[65) 수급권자가 **다른 법령에 따라 의료급여를 받고 있는 경우**에는 이 법에 따른 의료급여를 하지 아니한다(제4조).

4. 의료급여의 내용

수급권자의 질병·부상·출산 등에 대한 **의료급여**의 내용은 다음과 같다(제7조 제1항).

① 진찰·검사 ② 약제(藥劑)·치료재료의 지급 ③ 처치·수술과 그 밖의 치료 ④ 예방·재활 ⑤ 입원 ⑥ 간호 ⑦ 이송 ⑧ 그 밖의 의료목적의 달성을 위한 조치.

5. 의료급여의 제공방법

의료급여업무는 수급권자의 거주지를 관할하는 **특별시장·광역시장·도지사와 시장·군수·구청장**이 하며(제5조 제1항), **의료급여기관**[66)에서 실시한다(제9조 제1항).

---

65) 시장·군수·구청장은 수급권자에게 **의료급여증을 발급**하여야 한다(제8조 제1항 본문).

66) 이는 ① 제1차 의료급여기관, ② 제2차 의료급여기관, ③ 제3차 의료급여기관으로 구분한다.

Ⅳ. 주거급여법

1. 입법 과정

주거급여법은 2014년 1월 24일 제정(법률 제12333호)하여 같은 해 10월 1일 시행하였다. 기초생활보장제도가 맞춤형 급여체계로 개편됨에 따라 주거급여 수급권자의 범위, 임차료 및 수선유지비의 지급 기준 등 주거급여의 실시를 위하여 필요한 사항을 규정하되, 수급자의 불편 및 일선기관의 업무상 혼란을 방지하기 위해 주거급여의 신청 및 지급결정 절차 등의 일반적인 사항은 국민기초생활 보장법을 따르도록 하였다.

2. 입법 목적

이 법은 생활이 어려운 사람에게 국가가 직접 주거급여를 실시하여 국민의 **주거안정과 주거수준 향상**에 이바지함을 목적으로 한다(제1조).

3. 주거급여의 제공대상

수급권자는 부양의무자가 없거나 부양의무자가 있

어도 부양능력이 없거나 부양을 받을 수 없는 사람으로서 소득인정액이 중앙생활보장위원회의 심의·의결을 거쳐 결정하는 금액 이하인 사람으로 하며, 이 경우 주거급여 선정기준은 **기준 중위소득의 100분의 43 이상**으로 한다(제5조 제1항).

4. 주거급여의 내용

임차료는 타인의 주택등에 거주하는 사람으로서 국토교통부장관이 정하는 사람에게 지급한다(제7조 제1항).

수선유지비는 주택등을 소유하고 그 주택등에 거주하는 사람에게 지급한다(제8조 제1항).

5. 주거급여의 제공방법

국가와 지방자치단체는 다음의 사항을 고려하여 주거급여에 관한 정책을 수립·시행하여야 한다(제3조).

국토교통부장관은 필요한 경우에는 주거급여와 관련된 사항에 관하여 지방자치단체의 장을 지도·감독하거나 지방자치단체의 장에게 필요한 보고를 하게 할 수 있다(제18조).

주거급여는 수급권자 또는 수급자의 거주지를 관할하는 **특별시장·광역시장·특별자치시장·도지사·특별자치도지사와 시장·군수·구청장**이 실시하며(제6조 제1항), **임차료의 지급 신청**을 받아 국민기초생활 보장법의 신청에 의한 조사를 하는 경우 관련 사항을 포함하여 조사할 수 있다(제10조 제1항). 그리고 **수선유지비의 지급 신청**을 받아 신청조사를 하는 경우 관련 사항을 포함하여 조사할 수 있다(제10조 제2항).

제 2 절

기초 및 장애인연금 보장 법제

Ⅰ. 기초연금법

1. 입법 과정

기초연금제도는 처음 **기초노령연금제도**[67]에서 시작하였다. **기초연금법**은 2014년 5월 20일 제정(법률 제12617호)되어, 2014년 7월 1일부터 시행되었다.[68]

2. 입법 목적

이 법은 **소득수준이 낮은 일정한 범위의 노인에게 기초연금을 지급**하여 안정적인 소득기반을 제공함으로써, 노인의 생활안정을 지원하고 복지를 증진함을 목적으로 한다(제1조). 따라서 기초연금제도는 국민연금과

---

67) **기초노령연금법**은 2007년 4월 25일 제정(법률 제8385호)되고, 2008년 1월 1일부터 시행되었다. 이 법은 노인이 후손의 양육과 국가 및 사회의 발전에 이바지하여 온 점을 고려하여 생활이 어려운 노인에게 기초노령연금을 지급함으로써 노인의 생활안정을 지원하고 복지를 증진함을 목적으로 하였다(제1조).

68) 이 법의 시행과 함께 **기초노령연금법은 폐지**되었다.

같이 전국민을 대상으로 하는 사회안전망인 사회보험 제도가 아니라 인간다운 생활권의 최저선을 보장하는 **공공부조**로서의 성격을 가진다.

3. 기초연금의 지급대상

기초연금은 **65세 이상인 사람**으로서 소득인정액이 보건복지부장관이 정하여 고시하는 금액(다음부터 '선정 기준액' 이라 한다) 이하인 사람에게 지급한다(제3조 제1항).

보건복지부장관은 **선정기준액**을 정하는 경우 65세 이상인 사람 중 기초연금 수급자가 **100분의 70 수준** 이 되도록 한다(제3조 제2항).[69)]

4. 기초연금의 금액

기초연금의 금액은 **보건복지부장관**이 그 전년도의 기준연금액에 전국소비자물가변동률을 반영하여 매년 고시한다(제5조 제1항). 2019년 기초연금 기준연금액은 **월 30만원**이다.[70)]

---

69) 최대금액 30만원이 지급되는 대상은 2019년 소득 하위 20% 노인에서 2020년까지 소득 하위 40%, 이어 2021년에는 70% 이내로 확대할 예정이다.

70) 2019년 4월부터 소득 하위 20%인 자, 즉 근로소득 등 각종 소득과 재산을 공제하고 남은 소득인정액이 독거노인의 경우 월 5만원 이하, 부부인 경우 월 8만원 이하면 **월 최대 30만원**을 지급하고, 그 외의 일반 기초연금 수급자는 2018년 월

본인과 그 배우자가 모두 기초연금 수급권자인 경우에는 각각의 기초연금액에서 기초연금액의 **100분의 20에 해당하는 금액을 감액**한다(제8조 제1항).

5. 기초연금의 지급방법

특별자치시장·특별자치도지사·시장·군수·구청장은 ① 기초연금을 지급받으려는 사람 또는 보건복지부령으로 정하는 대리인으로부터 **지급신청을** 받아서(제10조 제1항), ② **조사**를 한 후 기초연금 수급권의 발생·변경·상실 등을 **결정**하며(제13조 제1항), ③ 결정을 한 경우에는 그 결정 내용을 **서면으로 지체 없이 통지**하고, ④ 기초연금 수급권자로 결정한 사람에 대하여 기초연금의 지급을 신청한 날이 속하는 달부터 기초연금 수급권을 상실한 날이 속하는 달까지 **매월 정기적으로 기초연금을 지급**한다(제14조 제1항).

6. 사후관리

기초연금 수급자에게 일정 사유가 발생하면 **기초연금의 지급을 정지하거나**(제16조 제1항),[71] **수급권을**

25만원에서 3,750원 오른 **월 253,750원**을 지급한다.

71) 1. 기초연금 수급자가 금고 이상의 형을 선고받고 교정시설 또는 치료감호시설에 수용되어 있는 경우 2. 기초연금 수급

상실한다(제16조 제1항).72)

VI. 장애인연금법

1. 입법 과정

이 법은 2010년 4월 12일 제정(법률 제10255호)되어, 같은 해 7월 1일부터 시행되었다.

2. 입법 목적

이 법은 헌법정신을 실현하기 위하여 **장애로 인하여 생활이 어려운 중증장애인에게 장애인연금을 지급함**으로써, 중증장애인의 생활 안정 지원과 복지 증진 및 사회통합을 도모하는 데 이바지함을 목적으로 한다(제1조).

따라서 장애인연금제도도 앞의 기초연금제도와 마찬

자가 행방불명되거나 실종되는 등 대통령령으로 정하는 바에 따라 사망한 것으로 추정되는 경우 3. 기초연금 수급자의 국외 체류기간이 60일 이상 지속되는 경우. 이 경우 국외 체류 60일이 되는 날을 지급 정지의 사유가 발생한 날로 본다. 4. 그 밖에 제1호부터 제3호까지의 경우에 준하는 경우로서 대통령령으로 정하는 경우.

72) 1. 사망한 때 2. 국적을 상실하거나 국외로 이주한 때 3. 제3조에 따른 기초연금 수급권자에 해당하지 아니하게 된 때

가지로 국민연금 등 전국민을 대상으로 하는 사회안전
망인 사회보험제도가 아니라 인간다운 생활권의 최저
선을 보장하는 **공공부조**로서의 성격을 가진다.

3. 장애인연금의 지급대상

수급권자는 18세 이상의 중증장애인으로서 소득인
정액이 그 중증장애인의 소득·재산·생활수준과 물
가상승률 등을 고려하여 보건복지부장관이 정하여 고
시하는 금액 이하인 사람으로 한다(제4조 제1항 본문).[73]

4. 장애인연금의 지급기관

장애인연금은 지방자치단체의 재정 여건 등을 고려
하여 **국가, 특별시·광역시·도 또는 특별자치시·특
별자치도·시·군·구가 부담**한다(제21조).

5. 장애인연금의 금액

가. 기초급여액

근로능력의 상실 또는 현저한 감소로 인하여 줄어
드는 소득을 보전(補塡)하여 주기 위하여 **기초급여**를

---

73) 보건복지부장관은 선정기준액을 정하는 경우에 18세 이상의 중증
장애인 중 수급자가 100분의 70 수준이 되도록 한다(제4조 제2항).

지급한다(제5조 제1호). 기초급여의 금액은 보건복지부장관이 그 전년도 기초급여액에 대통령령으로 정하는 바에 따라 전국소비자물가변동률을 반영하여 매년 고시한다(제6조 제1항). 2019년의 국민기초생활보장법에 따른 생계급여 수급자 및 의료급여 수급자에 대한 2019년의 기초급여액은 **30만원**이다.

수급권자와 그 배우자가 모두 기초급여를 받는 경우에는 각각의 기초급여액에서 기초급여액의 **100분의 20에 해당하는 금액을 감액한다**(제6조 제3항). 수급권자 중 기초연금법에 따른 기초연금 수급권자에게는 기초급여를 지급하지 아니한다(제6조 제5항).

나. 부가급여액

장애로 인하여 추가로 드는 비용의 전부 또는 일부를 보전하여 주기 위하여 **부가급여**를 지급한다(제5조 제2호).

6. 장애인연금의 지급방법

특별자치시장·특별자치도지사·시장·군수·구청장은 ① 장애인연금을 지급받으려는 사람으로부터 **지급신청**을 받으면(제8조 제1항), ② **보건복지부장관** 또는 특별자치시장·특별자치도지사·시장·군수·구청장은 소속 공무원으로 하여금 **장애인연금의 지급 결정 및 실시 등에 필요한 사항을 조사하게** 할 수 있다(제9조

제1항). ③ 조사를 하였을 때에는 지체 없이 장애인연금 지급의 여부와 내용을 결정하여야 하고(제10조 제1항), ④ 그 결과를 신청일부터 **30일 이내**에[74] 서면으로 해당 수급희망자 또는 수급권자에게 통지하여야 한다(제10조 제2항 및 제3항). ⑤ 장애인연금의 지급이 결정되면 해당 수급권자에게 장애인연금을 **신청한 날이 속하는 달부터 수급권이 소멸한 날이 속하는 달까지** 매월 정기적으로 지급한다(제13조 제1항).

7. 사후관리

보건복지부장관은 수급자에 대한 장애인연금 지급의 적정성을 확인하기 위하여 **매년 연간조사계획**을 수립하고, 전국의 수급자를 대상으로 위 신청시에 하였던 바와 같이, **지급시 조사하였던 사항을 조사**하여야 한다(제11조 제1항). 수급권자가 사망하는 등 일정 사유가 발생하면 그 수급권은 **소멸한다**(제15조 제1항).

---

74) 다음 각 호의 어느 하나에 해당하는 경우에는 제3항에도 불구하고 신청일부터 **60일 이내**에 통지할 수 있다. 이 경우 통지서에 그 사유를 분명하게 밝혀야 한다. 1. 수급희망자 또는 수급권자와 그 배우자의 소득·재산의 조사니 수급희망자 또는 수급권자의 장애 정도의 재심사에 시일이 필요한 특별한 사유가 있는 경우 2. 수급권자등이 제9조에 따른 조사나 자료제출 요구를 거부·방해 또는 기피하는 경우.

제 3 절

위기자 긴급지원 법제

Ⅰ. 긴급복지지원법

1. 입법 과정

모든 국민은 헌법상 인간다운 생활권을 가지고, 사회복지법제는 이를 실현하기 위하여 다양한 제도를 규정하고 시행한다.

그러나 이러한 법들은 평상시 일정한 요건에 해당하는 경우 적법절차를 거쳐서 지원되므로, 만약 위기상황에 처한 자가 있는 경우에는 이를 신속하게 구제하지 못하면 생존을 위협받을 수 있다. 이러한 사회적 요청에 의하여 **위기상황에 처한 자를 신속하게 구제**하기 위하여 2005년 12월 23일 **긴급복지지원법**(법률 7739호)[75]을 제정하여 2006년 3월 24일부터 시행하였다.[76]

---

75) 이 법의 제정에 직접적 배경이 된 것은 대구 4세 아동 아사(餓死)사건이다. 이는 2004년 12월 18일 대구광역시 동구 불로동의 한 가정에서 먹을 것이 없어서 4세 아동이 굶어죽은 사건이다.

2. 입법 목적

이 법은 생계곤란 등의 위기상황에 처하여 도움이 필요한 사람을 **신속하게 지원**함으로써 이들이 위기상황에서 벗어나 건강하고 인간다운 생활을 하게 함을 목적으로 한다(제1조).

3. 지원대상자

이 법에 따른 지원대상자는 **위기상황에 처한 사람**으로서 이 법에 따른 지원이 긴급하게 필요한 사람(다음부터 '긴급지원대상자' 라 한다)으로 한다(제5조).

국내에 체류하고 있는 **외국인** 중 대통령령으로 정하는 사람은 긴급지원대상자가 된다(제5조의2).

---

76) 이 법은 사회복지법제 중에서 '지원'이란 단어가 들어가는 다른 법률, 즉 「한부모가족지원법」, 「다문화가족지원법」, 「장애인활동 지원에 관한 법률」, 「장애아동 복지지원법」, 「발달장애인 권리보장 및 지원에 관한 법률」, 「청소년복지 지원법」 등과 법적 성격이 다르다. 이 법은 기초생활보장 청구권의 실현을 위한 것으로 바로 생존을 위협받는 상황을 극복하기 위한 것이고, 이상이 다른 법률들은 광의의 생존권에 속하며, 사회복지청구권 중에서도 특별보호청구권에 해당한다.

이 법에서 **'위기상황'** 이란 본인 또는 본인과 생계 및 주거를 같이 하고 있는 가구구성원이 어려운 상황에 처하여 생계유지 등이 어렵게 된 것을 말한다(제2조). 긴급복지지원 대상 가구의 소득기준은 다음과 같다.

〈표 20〉　　　긴급복지 지원대상 소득기준(2019년)

가구 규모	1인	2인	3인	4인	5인	6인	7인
원/월	1,280,256	2,179,896	2,820,024	3,460,152	4,100,280	4,740,408	5,380,536

* 8인 이상 가구의 경우, 1인 증가시마다 640,128원씩 증가(8인 가구 6,020,664원)

긴급복지대상 가구의 금융재산은 **500만원 이하**(단, 주거 지원은 700만원 이하)이어야 한다.

4. 긴급복지지원의 내용

이 법에 따른 지원은 위기상황에 처한 사람에게 **일시적으로 신속하게 지원**하는 것을 기본원칙으로 한다(제3조 제1항). 다른 법률에 따라 이 법에 따른 지원 내용과 동일한 내용의 구호·보호 또는 지원을 받고 있는 경우

에는 이 법에 따른 지원을 하지 아니한다(제3조 제2항).77)

이 법에 따른 지원의 종류 및 내용은 금전 또는 현물(現物) 등의 직접지원과 민간기관·단체와의 연계 등의 지원이 있다(제9조 제1항). 시장·군수·구청장은 긴급지원대상자의 신청이 있는 경우에는 원칙적으로 긴급지원대상자에게 지급하는 금전(다음부터 '긴급지원금'이라 한다)을 **긴급지원대상자 명의의 지정된 계좌**(다음부터 '긴급지원수급계좌'라 한다)로 입금하여야 한다.

의료지원과 교육지원을 제외한 긴급지원(생계지원, 주거지원, 사회복지시설 이용 지원, 그 밖의 지원)은 **1개월간의 생계유지 등에 필요한 지원을 원칙**으로 하며, 시장·군수·구청장이 긴급지원대상자의 위기상황이 계속된다고 판단하는 경우에는 **1개월씩 두 번의 범위에서 기간을 연장**할 수 있다(제10조 제1항).

의료지원은 위기상황의 원인이 되는 질병 또는 부상을 검사·치료하기 위한 범위에서 한 번 실시하며, **교육지원**도 한 번 실시한다(제10조 제2항).

---

77) 기본원칙으로 ① 선지원 후처리의 원칙 ② 단기지원 원칙 ③ 타법지원 우선의 원칙 ④ 현물지원 우선의 원칙 ⑤ 가구 단위 지원의 원칙을 들 수 있다: 보건복지부, 「보건복지백서」(2015), 122면.

시장·군수·구청장은 이상의 지원에도 불구하고 위기상황이 계속되는 경우에는 **긴급지원심의위원회의 심의를 거쳐 지원을 연장**할 수 있다(제10조 제3항).[78)]

〈표 21〉 긴급복지 지원금액(2019년)

○ **생계지원** 금액 (원/월)

가구구성원수	1인	2인	3인	4인	5인	6인
지 원 금 액	441,900	752,600	973,800	1,194,900	1,415,900	1,636,900

* 가구구성원이 7인 이상인 경우, 1인 증가시마다 221,000원씩 추가 지급

○ **주거지원** 한도액 (원/월)

가구구성원 수 / 지 역	1~2인	3~4인	5~6인
대 도 시	387,200	643,200	848,600
중 소 도 시	290,300	422,900	557,400
농 어 촌	183,400	243,200	320,300

* 가구구성원이 7인 이상인 경우, 1인증가시 마다 대도시 102,300원, 중소도시 67,000원, 농어촌 38,300원씩 추가 지급

---

78) 이 경우 **생계지원·사회복지시설 이용 지원 및 그 밖의 지원**은 위 지원기간을 합하여 총 6개월을 초과하여서는 아니 되고, **주거지원**은 위 지원기간을 합하여 총 12개월을 초과하여서는 아니 되며, **의료지원**은 위 지원횟수를 합하여 총 두 번, **교육지원**은 위 지원횟수를 합하여 총 네 번을 초과하여서는 아니 된다(제10조 제3항).

○ **사회복지시설의 이용지원** 한도액 (원/월)

입소자 수	1인	2인	3인	4인	5인	6인
지원금액	535,900	914,200	1,182,900	1,450,500	1,719,200	1,987,700

○ **교육지원** 금액 (원/분기)

구 분	초등학생	중학생	고등학생
지원금액	221,600	352,700	432,200원 및 수업료(해당 학교장이 고지한 금액)·입학금(해당 학교장이 고지한 금액)

○ **연료비지원** 금액 98,000원(원/월)

5. 긴급복지지원의 절차

이 법에 따른 지원은 긴급지원대상자의 **거주지를 관할하는 시장·군수·구청장**이 한다(제6조 제1항 본문).[79]

6. 사후 관리

시장·군수·구청장은 지원을 받았거나 받고 있는 긴급지원대상자에 대하여 소득 또는 재산 등 대통령

---

[79] 다만, 긴급지원대상자의 거주지가 분명하지 아니한 경우에는 **지원요청 또는 신고를 받은 시장·군수·구청장**이 한다(제6조 제1항 단서). **긴급지원대상자와 친족, 그 밖의 관계인**은 구술 또는 서면 등으로 관할 시장·군수·구청장에게 이 법에 따른 지원을 요청할 수 있다(제7조 제1항).

령으로 정하는 기준에 따라 **긴급지원이 적정한지를 조사**하여야 한다(제13조 제1항). 조사를 효율적으로 하기 위하여 **금융정보 조회절차**를 거친다(제8조의2 본문, 제13조 제3항 ~ 제7항). **긴급지원심의위원회**는 시장·군수·구청장이 한 사후조사 결과를 참고하여 긴급지원의 적정성을 심사한다(제14조 제1항).

Ⅱ. 노숙인복지법

1. 입법 과정

최근 서울역 등에서 노숙인이 점차 늘어남에 따라 2011년 6월 7일 **노숙인 등의 복지 및 자립지원에 관한 법률**(다음부터 '노숙인복지법' 이라 한다)을 제정(법률 10784호)하였다.

2. 입법 목적

이 법은 노숙인 등의 인간다운 생활을 할 권리를 보호하고 재활 및 자립을 위한 기반을 조성하여 이들의 건전한 사회복귀와 복지증진에 이바지하는 것을 목적으로 한다(제1조).

3. 국가·지방자치단체의 의무

보건복지부장관은 노숙인 등의 보호 및 자립 등을 지원하기 위하여 **5년마다 노숙인 등의 복지 및 자립지원 종합계획**을 수립·시행하여야 한다(제7조 제1항).

그리고 이 법의 적절한 시행을 위하여 노숙인 등의 현황과 이들에 대한 공공 및 민간의 지원상황에 대하여 **5년마다 실태조사**를 실시하여야 한다(제9조 제1항).

4. 복지서비스 제공

국가와 지방자치단체는 노숙인 등에게 ① **주거지원**, ② **급식지원**, ③ **의료지원**, ④ **고용지원** 등을 행한다.

경찰 또는 노숙인 등 관련 업무 종사자는 중대한 질병, 동사 등 노숙인 등에 관한 응급상황을 신고받거나 발견한 때에는 지체 없이 필요한 조치를 하여야 한다(제14조 제1항).

국가와 지방자치단체는 노숙인 등의 자립과 사회 복귀 등을 지원하기 위하여 **노숙인시설**을 설치·운영하거나 사회복지법인 또는 비영리법인에 **위탁**하여 운영할 수 있다(제15조 제1항).

노숙인복지시설의 종류는 다음과 같다(제16조 제1항).

① 노숙인일시보호시설, ② 노숙인자활시설, ③ 노숙인재활시설, ④ 노숙인요양시설, ⑤ 노숙인진료시설, ⑥ 그 밖에 보건복지부령으로 정하는 시설.

노숙인종합지원센터는 다음의 업무를 수행한다(제19조).

① 주거·의료·고용 지원을 위한 상담 및 복지서비스 연계, ② 응급조치, ③ 복지서비스 이력 관리, ④ 심리상담, ⑤ 그 밖에 보건복지부령으로 정하는 사항.

제3장 사회적 재해 보장 법제

제 1 절

사회적 재해 보장의 기본원리

I. 전국민을 위한 기본적 사회안전망

현대 자본주의 산업사회에 발생하는 복잡한 사회문제를 공공부조의 방법만으로는 충분한 해결책이 되지 못하여, 각국마다 **사회구성원이 사회적 재해를 극복**할 수 있도록 사회보험제도를 마련하고 있다.

사회보장기본법80)은 사회보험에 "국민에게 발생하는 사회적 위험을 보험의 방식으로 대처함으로써 국민의 건강과 소득을 보장하는 제도" 라고 정의하고 있다(제3조). 따라서 사회보험제도는 헌법상 보장된 인간다운 생활권과 사회복지청구권의 실현을 위하여, 모든 국민이 사회적 재해를 당한 경우에 이를 효율적으로 극복할 수 있도록 국가가 사전에 마련한 대비책이다.

우리나라에서는 ① 건강보험, ② 연금, ③ 산재보

---

80) 이 법은 1995년 12월 30일 법률 제5134호로 제정되어, 1996년 7월 1일부터 시행되었으며, 다음부터 '기본법'이라 한다.

험, ④ 고용보험, ⑤ 요양보험 등 5대 사회보험제도를 운용하고 있다. 이를 쉽게 암기하는 방법은 아래와 같다.

〈표 22〉 　　　　5대 사회보험제도 암기법

내 용	건강 보험	연금 (보험)	산재보험	고용 보험	요양 보험
암기법	건	연	산 은	고	요 하다
근거 법률	국민건강 보험법	국민연금법, 공무원연금법, 사립학교교직원 연금법, 군인연금 법, 별정우체국법	산업재해보상 보험법, 공무원 재해보상법	고용 보험법	노인장기 요양보험 법

II. 동일한 제도의 강제적용

1. 전국민에 대한 동일한 제도의 적용

사회적 재해의 보장을 위한 보험은 모두 **원칙적으로 전국민을 대상**으로 하여야 하고(이를 "보편성의 원칙" 이라 한다), 모두에게 **동일한 제도를 적용**하여야 한다(이를 "동일성의 원칙" 이라 한다).

2. 전국민에 대한 강제적용

현대 산업사회에서 전국민의 재해를 국가의 예산으로 대처하기는 무리이므로, 일반 국민이 미리 보험료를 납부하고 재해발생시 보험급여를 지급받는 사회보험의 형태로 시행하고 있다.

사회보험은 원래 노동보험을 중심으로 하여 발전해 왔는데, 노동보험을 중심으로 하고 같은 원리와 목적에 입각한 제도이면서, 그 대상영역을 노동자에게만 한정하지 않고 국민 모두에게 확장·발전시킨 제도이다. 사회보험은 국민 모두가 의무적으로 가입하여야 하는 **강제보험**의 성격을 가진다.

〈표 23〉 사보험과 사회보험의 비교

구 분	가입·탈퇴	내 용	비 용	보장 내용	종 류
사(私)보험	각자의 선택	계약에 의하여 결정	가입자 부담	사망, 화재, 자동차 사고 등	인(人)보험·손해보험
사회(社會)보험	전국민 강제가입	법률에서 정한 동일한 제도를 전국민에 적용	국가의 지원	질병, 사고, 실업, 노령 등	건강보험 등 5대 보험

3. 사회보험료의 통합징수

고용보험 및 산업재해보상보험의 보험료징수 등에 관한 법률(다음부터 '**보험료징수법**' 이라 한다)은 고용보험과 산업재해보상보험의 보험관계의 성립·소멸, 보험료의 납부·징수 등에 필요한 사항을 규정함으로써 보험사무의 효율성을 높이는 것을 목적으로 한다(제1조).

각 사회보험의 관리가 분산되어 있어 보험료도 각 관리기관에서 따로 부과, 징수함에 따라 시간적·경제적 비효율성이 발생함에 따라, 2003년 12월 31일 **보험료징수법을 제정**(법률 제7047호)하여 2005년 1월 1일부터 시행하여 고용보험과 산재보험료의 징수도 **국민건강보험관리공단**에 위임하여 5대 사회보험료를 통합징수하도록 하였다.

제 2 절
5대 사회보험법제

I. 국민건강보험법

1. 입법 과정

우리나라의 건강보험제도의 발전과정을 보면, 1963년 **의료보험법**이 제정되면서부터 시작되었다.

그리고 의료보험체계의 통합화가 추진되었는데, 1997년 먼저 의료보험법의 지역가입자와 「공무원 및 교직원의료보험법」을 통합하여 **국민의료보험법**을 제정하였다.

나아가 1999년에는 의료보험법에 남아있는 직장가입자와 「국민의료보험법」을 통합하여 **국민건강보험법**을 제정하였는데, 이 법은 직장 및 지역, 그리고 공무원·교직원 등 모든 보험가입자에 대한 관리를 통합하였다. 그리고 2016년 개정에서는 국민건강보험제도의 안정적 운영과 제도의 예측가능성을 확보하고자 하였다.

〈표 24〉　　　　국민건강보험제도 발전과정

구분	의료보험법 (1963년) ⇒	국민의료보험법 (1997년) ⇒	국민건강보험법 (1999년)
내용	직장피보험자 지역피보험자	「의료보험법」(지역피 보험자)+「공무원 및 교직원 의료보험법」	「의료보험법」(직장피 보험자)+「국민의료 보험법」

2. 입법 목적

국민건강보험법은 국민이 질병·부상·분만 또는 사망 등의 재해를 당한 경우에 보험급여를 실시함으로써 국민보건을 향상시키고 사회복지의 증진을 도모함을 목적으로 하고 있다(제1조).

건강보험은 **질병·부상·분만·사망 등의 재해**를 극복하고 국민의 보건을 향상시키는데 목적이 있으므로, 특정지역이나 직장에 한정하지 않고 전국민을 대상으로 한다. 우리나라에서 의료보험은 사업장의 근로자를 대상으로 하는 직장보험과 지역의 주민을 대상으로 하는 지역보험으로 구분하고 있으나 동일한 제도를 적용하고 있다.

3. 건강보험의 운영주체

건강보험의 보험자라 함은 건강보험의 운영 주체로서 보험료의 징수 및 보험급여의 실시 등 건강보험의 업무를 행하는 자를 말한다.

건강보험사업은 국가의 책임하에 행하는 것으로 **보건복지부장관**이 맡지만(제2조), 정부의 감독하에 **국민건강보험공단**(다음부터 '공단'이라 한다)이 보험자로서의 업무를 담당한다(제13조).

공단은 법인으로 한다(제15조). 공단은 정부를 대행하여 국가적인 차원인 건강보험사업을 경영하기 때문에 사법인이 아니라 공법인에 속한다.

4. 건강보험의 적용대상

가. 적용 대상

국민건강보험의 적용대상은 ① 국내에 거주하는 국민으로서 ② 적용제외자가 아닌 ③ **가입자 또는 피부양자**이다(제5조 제1항).

나. 가입자

(1) 직장가입자

모든 사업장의 근로자와 그 사용자, 그리고 공무원 및 교직원은 직장가입자가 된다(제6조 제2항 본문). 그러나 다음의 사람은 제외된다(제6조 제2항 단서).

① 고용 기간이 1개월 미만인 일용근로자
② 병역법에 따른 현역병(지원에 의하지 아니하고 임용된 하사를 포함한다), 전환복무된 사람 및 무관후보생
③ 선거에 당선되어 취임하는 공무원으로서 매월 보수 또는 보수에 준하는 급료를 받지 아니하는 사람
④ 그 밖에 사업장의 특성, 고용 형태 및 사업의 종류 등을 고려하여 대통령령으로 정하는 사업장의 근로자 및 사용자와 공무원 및 교직원 등.

(2) 지역가입자

지역가입자는 가입자중 직장가입자와 그 피부양자를 제외한 자를 말한다(제6조 제3항).

(3) 외국인 및 외국정부근로자

정부는 **외국정부가 사용자인 사업장의 근로자**에 대한 건강보험에 관하여는 외국정부와의 합의에 의하여 따로 정할 수 있다(제109조 제1항).

그리고 **국내에 체류하는 재외국민 또는 외국인**(다음부터 '국내체류 외국인등' 이라 한다)에 대한 특칙이 있다(제109조 제2항~제5항).

다. 가입자의 피부양자

피부양자라 함은 다음의 사람 중에서 직장가입자에 의하여 주로 생계를 유지하는 자로서 보수 또는 소득이 없는 사람을 말한다(제5조 제2항).

① 직장가입자의 배우자 ② 직장가입자의 직계존속(배우자의 직계존속 포함) ③ 직장가입자의 직계비속(배우자의 직계비속 포함)과 그 배우자 ④ 직장가입자의 형제·자매.

5. 보험급여

가. 보험급여의 종류

건강보험급여는 다음과 같다.

① **요양급여, ② 요양비, ③ 부가급여, ④ 장애인 보장구, ⑤ 건강검진.**

나. 요양급여

요양급여는 가입자 및 피부양자의 질병, 부상, 출산 등에 대하여 그 치유 및 예방을 목적으로 하는 다음의 급여이며, 원칙적으로 현물급여이다.

① 진찰·검사 ② 약제(藥劑)·치료재료의 지급 ③ 처치·수술 및 그 밖의 치료 ④ 예방·재활 ⑤ 입원 ⑥ 간호 ⑦ 이송(移送) (제41조 제1항).

다. 요양비

요양급여는 현물급여가 원칙이지만, 부득이한 사유가 있을 때에는 요양급여의 보완적 역할로서 예외적으로 현금급여를 인정하고 있다.

라. 부가급여

공단은 이 법에서 정한 요양급여 외에 **임신·출산 진료비, 장제비, 상병수당, 그 밖의 급여**를 실시할 수 있다(제50조, 2013년 5월 22일 개정).

6. 본인의 일부부담

요양급여를 받는 자는 **비용의 일부**를 본인이 부담하며, 선별급여에 대해서는 다른 요양급여에 비하여 본인일부부담금을 상향 조정할 수 있다(제44조 제1항, 2016년 3월 22일 개정, 2017년 3월 23일 시행).

본인이 연간 부담하는 본인일부부담금의 총액이

대통령령으로 정하는 금액을 초과한 경우에는 공단이 그 초과 금액을 부담하여야 한다(제44조 제2항, 2016년 3월 22일 신설, 2017년 3월 23일 시행).[81]

〈표 25〉   구간별 본인부담상한액 기준표(2019년)

(단위 : 만 원)

소득분위	1구간 (1분위)	2구간 (2~3분위)	3구간 (4~5분위)	4구간 (6~7분위)	5구간 (8분위)	6구간 (9분위)	7구간 (10분위)
요양병원 120일 초과 입원한 경우	126 (추정)	158 (추정)	212 (추정)	280	350	430	580
요양병원 120일 초과 입원 제외한 경우	81 (추정)	102 (추정)	153 (추정)				

* 5분위 이하 상한액 : '전국소비자물가변동률'('18. 12월말 통계청 발표) 추정치 1.8% 반영

7. 비급여 대상

보건복지부장관은 업무나 일상생활에 지장이 없는 질환에 대한 치료 등은 요양급여대상에서 제외되는 사항으로 정할 수 있다(제41조 제4항).

---

81) 본인부담상한액은 가입자의 소득수준 등에 따라 정한다(제44조 제3항, 2016년 3월 22일 신설, 2017년 3월 23일 시행).

8. 보험급여의 제한 및 정지

가. 절대적 제한사항

다음은 보험급여를 행하지 않는 절대적 제한사항이다(제 53조 제1항).

① **고의 또는 중대한 과실**로 인한 범죄행위에 그 원인이 있거나 고의로 사고를 일으킨 경우
② 수급자가 **고의 또는 중대한 과실**로 공단이나 요양기관 의 요양에 관한 지시에 따르지 아니한 경우
③ **고의 또는 중대한 과실**로 문서와 그 밖의 물건의 제출 을 거부하거나 질문 또는 진단을 기피한 경우
④ 업무상 또는 공무로 생긴 질병·부상·재해로 **다른 법령** 에 따른 보험급여나 보상(報償) 또는 보상(補償)을 받게 되는 경우.

나. 임의적 제한사항

공단은 가입자가 대통령령으로 정하는 기간 이상 소득월액보험료, 세대단위의 **보험료를 체납한 경우** 그 체납한 보험료를 완납할 때까지 그 가입자 및 피부양 자에 대하여 보험급여를 실시하지 아니할 수 있다.

Ⅱ. 국민연금법

1. 입법 과정

우리나라에서는 1973년 **국민복지연금법**이 제정되었으나 오랫동안 시행되지 못하였다. 그 후 1988년 올림픽 개최를 앞두고 국민복지연금법을 **국민연금법으로** 전면개정하여 시행되었다.

그리고 IMF후 1998년 대폭 개정되었는데, 가입대상자를 전국민으로 확대하고, 국민연금 급여수준을 인하하고, 국민연금 수급연령을 상향조정하였다.

〈표 26〉　　　　　국민연금 수급연령 조정표

연　　도	2013년	2018년	2023년	2028년	2033년
수급 연령	61세	**62세**	63세	64세	65세
출생 연도	1952	**1956**	1960	1964	1968

*2019년 수급대상자는 **62세 이상(1957년생까지)**이다.

2. 입법 목적

국민연금제도는 **노령·폐질 또는 사망 등** 사회적 재해가 발생한 경우에, 가입자의 거출금을 주된 재원으로 하여 연금급여의 실시를 통한 장기적 소득을 보장함으로써, 국민생활의 안정과 복지증진에 기여하고 헌법에서 보장하고 있는 인간다운 생활을 실현하고자 하는 것이다. 이러한 취지에서 국민연금법을 제정하였다.

우리나라의 연금제도는 국민연금제도 이외에 각 특수직역별로 공무원연금, 군인연금, 사립학교교직원연금 등이 시행되고 있다.

3. 국민연금의 운영주체

국민연금법은 "이 법에 따른 국민연금사업은 **보건복지부장관**이 맡아 주관한다(제2조)." 라고 규정함으로써 국영방식을 채택하고 있다. 그리고 보건복지부장관의 위탁을 받아 제1조의 목적을 달성하기 위한 사업을 효율적으로 수행하기 위하여 **국민연금공단**(다음부터, '공단' 이라 한다)을 설립하여 운영하도록 한다(제24조).

공단은 법인으로 한다(제26조). 공단은 정부를 대행하여 국가적인 차원인 연금보험사업을 경영하기 때문에 사법인이 아니라 **공법인**에 속한다.

4. 피보험자

국내에 거주하는 18세 이상 60세 미만의 국민은 가입대상이 된다(제6조 본문).

5. 보험급여의 내용

가. 급여의 종류

국민연금법상 급여의 종류는 다음과 같다(제49조).
① **노령연금**, ② **장애연금**, ③ **유족연금**, ④ **반환일시금**.

수급권자에게 이 법에 의한 2 이상의 급여 수급권이 생기면 수급권자의 선택에 따라 그 중 **하나만 지급하고 다른 급여의 지급은 정지**된다(제56조 제1항). 그러나 선택하지 아니한 급여가 다음의 어느 하나에 해당하는 경우에는 해당 호에 규정된 금액을 선택한 급여에 추가하여 지급한다(제56조 제2항).[82]

① 선택하지 아니한 급여가 유족연금일 때(선택한 급여가 반환일시금일 때를 제외한다) : 유족연금액의 100분의 30에 해당하는 금액

② 선택하지 아니한 급여가 반환일시금일 때[83]: 제80조 제2항[84]에 상당하는 금액.

나. 노령연금의 수급권

가입기간이 10년 이상인 가입자 또는 가입자였던 자에 대하여는 62세(특수직종근로자는 55세)가 된 때부터 그가 생존하는 동안 노령연금을 지급한다(제61조 제1항). 노령연금액은 기본연금 혹은 감액연금에 부양가족연금액을 더한 금액으로 한다(제63조 제1항).

(1) 62세 이상 20년 이상: 완전(기본)연금

가입기간이 20년 이상인 자에 대하여는 기본연금

---

82) 이는 2016년 5월 29일 개정시 추가되었다.

83) 선택한 급여가 장애연금이고, 선택하지 아니한 급여가 본인의 연금보험료 납부로 인한 반환일시금일 때를 제외한다.

84) 제80조 ② 제1항에 따른 사망일시금은 가입자 또는 가입자였던 자의 반환일시금에 상당하는 금액으로 하되, 그 금액은 사망한 가입자 또는 가입자였던 자의 최종 기준소득월액을 제51조제1항제2호에 따른 연도별 재평가율에 따라 사망일시금 수급 전년도의 현재가치로 환산한 금액과 같은 호에 준하여 산정한 가입기간 중 기준소득월액의 평균액 중에서 많은 금액의 4배를 초과하지 못한다.

을 지급한다(제63조 제1항 제1호).

(2) 62세 이상 20년 미만: **감액연금**

가입기간이 **10년 이상 20년 미만인 자**에 대하여는 감액연금을 지급한다(제63조 제1항 제1호).

(3) 재직시: **재직노령연금**

노령연금 수급권자가 대통령령으로 정하는 **소득이 있는 업무에 종사하면** 62세 이상 65세 미만(특수직종근로자는 55세 이상 62세 미만)인 기간에는 노령연금액에서 부양가족연금액을 제외한 금액에 수급권자의 연령별로 소정 비율(1천분의 500~900)을 곱한 금액을 지급한다(제63조의2).

(4) 62세 미만 10년 이상: **조기노령연금**

가입기간이 10년 이상인 가입자 또는 가입자였던 자로서 55세 이상인 자가 대통령령으로 정하는 소득이 있는 업무에 종사하지 아니하는 경우 본인이 희망하면, **62세가 되기 전이라도** 본인이 청구한 때부터 그가 생존하는 동안 일정한 금액의 연금(다음부터 '조기노령연금' 이라 한다)을 받을 수 있다(제61조 제2항).

(5) 부양가족연금액

부양가족연금액은 수급권자를 기준으로 하는 다음의 자로서 수급권자에 의하여 생계를 유지하고 있는 자에 대하여 해당 금액으로 한다(제52조 제1항).

① 배우자: **연 15만원**
② 19세 미만[85])이거나 장애등급 2급 이상인 자녀(배우자가 혼인 전에 얻은 자녀를 포함한다.): **연 10만원**
③ 60세 이상이거나 장애등급 2급 이상인 부모(부 또는 모의 배우자, 배우자의 부모를 포함한다.): **연 10만원**.

(6) 연금수령 **연기시:가산**

노령연금의 수급권자로서 62세 이상 65세 미만인 사람(특수직종근로자는 55세 이상 62세 미만인 사람)이 연금지급의 연기를 희망하는 경우에는 1회에 한정하여 65세(특수직종근로자는 60세) 전까지의 기간에 대하여 그 지급을 연기할 수 있으며(제62조 제1항), 이 경우 연기되는 매 1개월마다 그 금액의 1천분의 6을 더한 액으로 한다(제62조 제2항).

(7) 분할연금 수급권자 등

혼인 기간(배우자의 가입기간 중의 혼인 기간만 해당한다.)이 5

---

85) 2015년 1월 28일 개정시 "18세 미만"에서 "19세 미만"으로 상향되었다.

년 이상인 자가 지급요건을 갖추면 그때부터 그가 생존하는 동안 배우자였던 자의 노령연금을 분할한 일정한 금액의 연금을 받을 수 있다(제64조 제1항).

분할연금액은 배우자였던 자의 노령연금액(부양가족연금액은 제외한다) 중 **혼인 기간에 해당하는 연금액**을 균등하게 나눈 금액으로 한다(제64조 제2항).86)

다. 장애연금의 수급권

(1) 장애연금의 수급권자

가입자 또는 가입자이었던 자가 질병이나 부상으로 **신체상 또는 정신상의 장애**가 있고 다음의 요건을 모두 충족하는 경우에는 장애 정도를 결정하는 기준이 되는 날부터 그 장애가 계속되는 기간 동안 장애 정도에 따라 장애연금을 지급한다(제67조 제1항). 따라서 장애연금의 수급권은 수급권자가 사망하거나 장해등급에 해당하지 않게 된 때에 소멸한다.

① 해당 질병 또는 부상의 초진일 당시 연령이 18세(다만,

---

86) 분할연금 수급권은 그 수급권을 취득한 후에 배우자였던 자에게 생긴 사유로 노령연금 수급권이 소멸·정지되어도 영향을 받지 아니한다(제65조 제1항). 수급권자에게 2 이상의 분할연금 수급권이 생기면 2 이상의 분할연금액을 합산하여 지급한다(제65조 제2항 본문).

18세 전에 가입한 경우에는 가입자가 된 날을 말한다) 이상이고 노령연금의 지급 연령 미만일 것

② 다음의 어느 하나에 해당할 것

(가) 해당 질병 또는 부상의 초진일 당시 연금보험료를 낸 기간이 가입대상기간의 3분의 1 이상일 것

(나) 해당 질병 또는 부상의 초진일 5년 전부터 초진일까지의 기간 중 연금보험료를 낸 기간이 3년 이상일 것. 다만, 가입대상기간 중 체납기간이 3년 이상인 경우는 제외한다.

(다) 해당 질병 또는 부상의 초진일 당시 가입기간이 10년 이상일 것.

(2) 장애연금액

장애연금액은 장애등급에 따라 1천분의 600(3급)에서 1천분의 1000(1급)까지 지급하고(제68조 제1항), 장애등급 4급에 해당하는 자에 대하여는 기본연금액의 1천분의 2천 250에 해당하는 금액을 **일시보상금**으로 지급한다(제68조 제2항).

라. 유족연금의 수급권

(1) 요 건

다음 어느 하나에 해당하는 자가 사망하면 그 유족에게 유족연금을 지급한다(제72조 제1항 본문).

① 노령연금 수급권자 ② 가입기간이 10년 이상인 가입자

또는 가입자였던 자 ③ 연금보험료를 낸 기간이 가입대상 기간의 3분의 1 이상인 가입자 또는 가입자였던 자 ④ 사망일 5년 전부터 사망일까지의 기간 중 연금보험료를 낸 기간이 3년 이상인 가입자 또는 가입자였던 자. 다만, 가입대상기간 중 체납기간이 3년 이상인 사람은 제외한다. ⑤ 장애등급이 2급 이상인 장애연금 수급권자.

(2) 금 액

유족연금액은 가입기간에 따라 소정금액(1천분의 400~600)에 부양가족연금액을 더한 금액으로 한다(제74조 본문). 다만, 노령연금 수급권자가 사망한 경우의 유족연금액은 사망한 자가 지급받던 노령연금액을 초과할 수 없다(제74조 단서).

마. 반환일시금 등

가입자 또는 가입자였던 자가 지급요건 중 어느 하나에 해당하게 되면 본인이나 그 유족의 청구에 의하여 반환일시금을 지급받을 수 있다(제77조 제1항, 2016년 5월 29일 개정). 반환일시금의 금액은 가입자 또는 가입자였던 자가 납부한 **연금보험료**(사업장가입자 또는 사업장가입자였던 자의 경우에는 사용자의 부담금을 포함한다)에 **이자**를 더한 금액으로 한다(제77조 제2항).

6. 연금의 지급방법

연금은 지급하여야 할 사유가 생긴 날이 속하는 달의 다음 달부터 수급권이 소멸한 날이 속하는 달까지 지급한다(제54조 제1항). 연금은 매월 25일에 그 달의 금액을 지급하되, 지급일이 토요일이나 공휴일이면 그 전날에 지급한다(제54조 제2항 본문).

가입자 또는 가입자이었던 자가 **고의로 질병·부상을 발생**시켜 장애를 입은 경우에는 당해 장애를 지급사유로 하는 장애연금을 지급하지 아니할 수 있다(제82조 제1항).

그러나 고의가 있는 경우에는 사망에 따라 발생되는 유족연금, 미지급급여, 반환일시금 및 사망일시금을 지급하지 아니한다(제82조 제3항). 그리고 수급권자가 불성실한 경우 급여의 전부 또는 일부의 **지급을 정지**할 수 있으며(제86조 제1항), 그 전에 급여의 **지급을 일시중지**할 수 있다(제86조 제2항).

7. 연금연계제도

가. 연계의 필요성

국민연금에 가입한 자가 공무원, 사립학교교직원,

군인 등으로 임용되기도 하고, 반대로 이들 직종에 근무하다가 불가피한 사유로 민간기업에 입사하거나 사업을 할 수도 있다.

이러한 경우에는 국민연금과 특수직 연금간에는 연계가 필요함에도 불구하고 공무원연금, 사립학교 교직원연금, 군인연금 상호간에는 재직기간을 합산하는 연계제도가 있었으나, 국민연금과 이들 특수직 연금간에는 연계제도가 없었다.

따라서 2009년 2월 6일 **국민연금과 직역연금의 연계에 관한 법률**(제9431호)을 제정하였다.

이 법은 국민연금의 가입기간과 공무원연금, 사립학교교직원연금, 군인연금 및 별정우체국직원연금의 **재직기간·복무기간을 연계**하여 연계급여를 지급함으로써 국민의 노후생활 안정과 복지증진에 이바지함을 목적으로 한다(제1조).

나. 적용범위 등

이 법은 신청을 한 자의 연계급여에 대하여 적용하고(제3조 제1항), 연계 신청을 한 자가 ① 국민연금법에 따른 노령연금 수급권자이고, ② 직역연금법에 따른 퇴직·퇴역연금 수급권자가 된 경우에는 각 연금법을 적용한다(제3조 제2항).

국민연금가입기간과 직역재직기간을 연계하려는 연금가입자는 **일정 사유**에 해당하면 각 연금법에 따른 급여 수급권이 없어지기 전에 연금관리기관에 **연계를 신청**하여야 한다(제8조 제1항). 연계 신청을 한 자가 연계기간이 20년 이상이고 65세 이상이 되면 연계노령연금 수급권 및 연계퇴직연금 수급권이 생긴다(제10조 제1항).

III. 산업재해보상보험법

1. 입법 과정

가. 민법상 과실책임

근대시민법하에서는 산업재해를 보상하는 특별한 법제도가 존재하지 않고 **일반불법행위의 법이론**에 의하여 처리할 수밖에 없었다. 그런데 불법행위의 법이론에서는 사용자에게 고의나 과실이 있는 경우에만 손해배상을 받을 수 있었다.

따라서 노동자들은 재해를 당한 경우에도 사용자의 책임 즉, 사용자에게 과실이 있고 이에 따라 재해가 발생하였다는 인과관계를 입증하여야 하였다. 이로 인하여 노동자가 재해를 당하였더라도 입증하기가 어려워 손해를 배상받지 못하는 경우가 허다하였다. 그리고 사용자의 책임을 추궁하기 위하여는 민사소송이라는 시간과 경비를 소요하는 절차를 밟아야 하기 때문에 더욱 어려운 실정이었다.

나. 근로기준법상의 무과실책임

이와 같은 모순을 해결하고 산업재해를 당한 경우에 사용자에게 고의나 과실이 없는 경우에도 **무과실책임이론**을 바탕으로 하여 산업재해를 당한 노동자를 보호하고자 한 입법이 1871년의 독일의 「연방배상책임법」과 1880년의 영국의 「사용자책임법」이다.

우리나라에서도 헌법의 제정(1948)에 의하여 노동자의 노동3권이 보장됨으로써, 업무상 재해에 대한 보상문제는 주로 단체협약을 통하여 해결하기 시작하다가 1953년 근로기준법이 제정·공포되어 재해보상의 개별 사용자 책임제도가 확립되었다.

다. 사회보험제도에의 편입

제2차 세계대전 후 각국의 산재보상제도는 일대전환기를 맞이하게 되었다. 즉, 그때까지만 하더라고 대부분의 국가에서 직접보상방식을 채택하고 있었으나, 전후에 이르러 영국·프랑스 등의 국가에 있어서 **사회보험방식으로 전환**하게 되었다. 이러한 취지에서 우리나라도 1963년 「산업재해보상보험법」이 제정되어 1964년 7월 1일부터 시행되었다. 그러나 이 법 제정 이후에도 근로기준법상의 재해보상제도가 그대로 존재하고 있기 때문에, 현재는 병존하고 있다.

2. 입법 목적

산업재해보상제도는 **노동자의 업무상 재해**를 사용자가 과실유무에 상관없이 보상하게 함으로써 노동자의 인간다운 생활을 보장하는데 의의가 있다.

노동자의 생활보상 측면에서 볼 때 앞으로 '업무상' 재해보상 차원에서 **'노동자' 의 재해보상차원**으로 발전시켜 가야 한다.

3. 보험자

산업재해보상보험법에 의한 보험사업은 **고용노동부장관**이 관장하며(제2조), 구체적인 사업은 **근로복지공단**(다음부터 '공단'이라 한다)이 장관의 위탁을 받아 수행한다(제10조).[87]

4. 보험가입자

가. 사업주

이 법은 정부(근로복지공단)를 보험자로 하고 **사업주를 보험가입자로 하는 제도를 채용**하고 있으며, 피보험자의 개념을 별도로 규정하지 않고 있다.[88]

사업주는 보험가입자로서 보험료를 부담하며, 그 보험료로 산업재해를 당한 피재자 등에게 소정의 보

---

87) 제26조의2(공단의 수입) 공단의 수입은 다음 각 호와 같다. 1. 정부나 정부 외의 자로부터 받은 출연금 또는 기부금 2. 제11조에 따른 공단의 사업수행으로 발생한 수입 및 부대수입 3. 제27조에 따른 차입금 및 이입충당금 4. 제28조에 따른 잉여금 5. 그 밖의 수입금 [본조신설 2018. 6. 12.]

88) 수급자 즉, 피재자를 피보험자로 하지 않는 것은 본래 사용자가 부담해야 하는 재해보상의 책임을 보험급여로써 이행한다고 하는 일종의 책임보험적 성격에서 비롯되는 것이다.

험급여를 지급하게 된다. 따라서 산업재해보상보험의 적용은 사업을 단위로 하여 행하여진다.

나. 적용사업

(1) 당연 적용사업

이 법은 원칙적으로 **모든 사업 또는 사업장**에 대하여 적용된다(제6조 본문). 다만, 위험률·규모 및 장소 등을 고려하여 대통령령으로 정하는 사업에 대하여는 이 법을 적용하지 아니한다(제6조 단서).

(2) 임의 적용사업

근로기준법의 적용을 받는 사업으로서 그 사업의 위험률·규모 및 사업장소 등을 참작하여 대통령령에 의하여 이 법의 적용이 배제되는 사업의 사업주는 **근로복지공단 승인을 얻어 보험에 가입**할 수 있다(제5조 제4항).

5. 재해보상의 대상

가. 업무상의 재해의 개념

산재보험급여의 대상이 되는 보험사고는 근로자의 업무상의 재해이다. "업무상의 재해"라 함은 **업무**

상의 사유에 의한 근로자의 부상·질병·장해 또는 사
망을 총칭하는 개념이다(제5조).

나. 업무상의 재해의 인정기준

업무상의 재해에 관한 산재법의 규정은 다음과 같다.

〈표 27〉   산재법상 업무상 재해에 관한 입법 현황

개정	시행일	산재법 내용
2007.12.14.	2008.7.1.	제5조(정의) 1. "업무상의 재해"란 업무상의 사유에 따른 근로자의 부상·질병·장해 또는 사망을 말한다. 제37조(업무상의 재해의 인정 기준) ① 근로자가 다음 각 호의 어느 하나에 해당하는 사유로 부상·질병 또는 장해가 발생하거나 사망하면 업무상의 재해로 본다. 다만, 업무와 재해 사이에 상당인과관계(相當因果關係)가 없는 경우에는 그러하지 아니하다. 1. 업무상 사고 가. 근로자가 근로계약에 따른 업무나 그에 따르는 행위를 하던 중 발생한 사고 나. 사업주가 제공한 시설물 등을 이용하던 중 그 시설물 등의 결함이나 관리소홀로 발생한 사고 다. 사업주가 제공한 교통수단이나 그에 준하는 교통수단을 이용하는 등 사업주의 지배관리 하에서 출퇴근 중 발생한 사고 라. 사업주가 주관하거나 사업주의 지시에 따라 참여한 행사나 행사준비 중에 발생한 사고 마. 휴게시간 중 사업주의 지배관리하에 있다고 볼 수 있는 행위로 발생한 사고 바. 그 밖에 업무와 관련하여 발생한 사고

		2. 업무상 질병 가. 업무수행 과정에서 유해·위험 요인을 취급하거나 그에 노출되어 발생한 질병 나. 업무상 부상이 원인이 되어 발생한 질병 다. 그 밖에 업무와 관련하여 발생한 질병 ② 근로자의 고의·자해행위나 범죄행위 또는 그것이 원인이 되어 발생한 부상·질병·장해 또는 사망은 업무상의 재해로 보지 아니한다. 다만, 그 부상·질병·장해 또는 사망이 정상적인 인식능력 등이 뚜렷하게 저하된 상태에서 한 행위로 발생한 경우로서 대통령령으로 정하는 사유가 있으면 업무상의 재해로 본다. ③ 업무상의 재해의 구체적인 인정 기준은 대통령령으로 정한다.
2017.10.24.	2018.1.1.	3. 출퇴근재해 〈신설〉 <u>가. 사업주가 제공한 교통수단이나 그에 준하는 교통수단을 이용하는 등 사업주의 지배관리 하에서 출퇴근하는 중 발생한 사고</u> <u>나. 그 밖에 통상적인 경로와 방법으로 출퇴근하는 중 발생한 사고</u>

    * 2017년 10월 24일 개정은 헌법재판소의 위헌결정에 따른 것이다.[89]

---

89) 사업장 규모나 재정여건의 부족 또는 사업주의 일방적 의사나 개인 사정 등으로 출퇴근용 차량을 제공받지 못하거나 그에 준하는 교통수단을 지원받지 못하는 비혜택근로자는 비록 산재보험에 가입되어 있다 하더라도 출퇴근 재해에 대하여 보상을 받을 수 없는데, 이러한 차별을 정당화할 수 있는 합리적 근거를 찾을 수 없다. 따라서 심판대상조항은 합리적 이유 없이 비혜택근로자를 자의적으로 차별하는 것이므로, 헌법상 평등원칙에 위배된다. 심판대상조항에 대해 헌법불합치결정을 선고하되 2017. 12. 31.을 시한으로 입법자의 개선입법이 있을 때까지 계속 적용을 명한다: 헌법재판소 2016.9.29. 결정 2014헌바254.

6. 보험급여

가. 보험급여의 종류

보험급여의 종류는 다음과 같다(제36조 제1항).[90)]

① 요양급여, ② 휴업급여, ③ 장해급여, ④ 간병급여, ⑤ 유족급여, ⑥ 상병보상연금, ⑦ 장의비, ⑧ 직업재활급여.

나. 요양급여 등

요양급여는 근로자가 업무상의 사유로 부상을 당하거나 질병에 걸린 경우에 그 근로자에게 지급한다(제40조 제1항). 이는 **원칙적으로는 현물급여**이므로, 산재보험 의료기관에서 **요양**을 하게하고, 부득이한 경우에 예외적으로 요양을 갈음하여 **요양비**를 지급한다(제40조 제2항). **3일 이내**의 요양으로 치유될 수 있는 상병인 경우에는 요양급여는 지급되지 아니한다(제40조 제3항).

휴업급여는 업무상 사유로 부상을 당하거나 질병에 걸린 근로자에게 요양으로 취업하지 못한 기간에 대

---

90) **보험가입자**가 소속 근로자의 업무상의 재해에 관하여 이 법에 따른 보험급여의 지급 사유와 동일한 사유로 민법이나 그 밖의 법령에 따라 보험급여에 상당하는 금품을 **수급권자에게 미리 지급한 경우**로서, 그 금품이 보험급여에 대체하여 지급한 것으로 인정되는 경우에 보험가입자는 그 수급권자의 보험급여를 받을 권리를 대위한다(제89조).

하여 지급하는 것으로, 단기적 노동불능에 대한 **소득보장급여**로서의 성격을 가진다. 이 급여는 원칙적으로 상병이 치유될 때까지 계속되며, 요양기간중에 피재자가 **상병보상연금**을 받게 되면 그 때부터의 휴업급여는 지급하지 아니한다.

간병급여는 요양급여를 받은 자 중 치유 후 의학적으로 상시 또는 수시로 간병이 필요하여 **실제로 간병을 받은 자**에게 지급하는 급여이다(제61조 제1항).

다. 장해급여 및 상병보상연금

장해급여는 근로자가 업무상의 사유로 부상을 당하거나 질병에 걸려 치유된 후 신체 등에 장해가 있는 경우에 그 근로자에게 지급하며(제57조 제1항), 업무상 재해에서 비롯된 소득능력의 감소 혹은 상실에 대한 **소득보장급여**로서의 성격을 갖는다.

상병보상연금은 업무상 재해로 인한 **장기적 근로불능에 대한 소득보장급여**이다. 이는 요양급여를 받는 근로자가 요양을 시작한 지 2년이 지난 날 이후에 일정 요건 모두에 해당하는 상태가 계속되면 휴업급여 대신 상병보상연금을 그 근로자에게 지급한다(제66조 제1항).

라. 유족급여 및 장의비

유족급여는 근로자가 업무상의 사유로 **사망한 경우**에 유족에게 **유족보상연금**이나 **유족보상일시금**91)으로 지급한다(제62조 제1항 및 제2항).

장의비는 근로자가 업무상의 사유로 **사망한 경우**에 지급한다(제71조 제1항 본문).92)

마. 직업재활급여

직업재활급여의 종류는 다음과 같다(제72조 제1항).

① 장해급여 또는 진폐보상연금을 받은 자나 장해급여를 받을 것이 명백한 자로서 대통령령으로 정하는 자 중 취업을 위하여 직업훈련이 필요한 자에 대하여 실시하는 직업훈련에 드는 비용 및 직업훈련수당

② 업무상의 재해가 발생할 당시의 사업에 복귀한 장해급여자에 대하여 사업주가 고용을 유지하거나 직장적응훈련 또는 재활운동을 실시하는 경우에 각각 지급하는 직장복귀지원금, 직장적응훈련비 및 재활운동비.

---

91) 유족보상일시금은 근로자가 사망할 당시 유족보상연금을 받을 수 있는 자격이 있는 자가 없는 경우에 지급한다.

92) 평균임금의 120일분에 상당하는 금액을 그 장제(葬祭)를 지낸 유족에게 지급한다.

Ⅳ. 고용보험법

1. 입법 과정

1970년대 고도성장기를 지나 1980년 이후 우리 경제구조의 개편과 이에 따른 산업구조조정의 요청에 따라 실업이 중요한 사회문제로 대두되었다.

이러한 상황하에서 고용보험법은 1993년 제정되어, 1995년 7월 1일부터 시행되었고, 이후 1996년과 1997년 개정을 거쳐, 1998년 대폭 개정되었다.[93]

2. 입법 목적

기존의 **실업보험**(unemployment insurance)이 실업이라는 사회적 재해가 발생한 경우 이를 극복하기 위한 수단을 제공하는 사후적·소극적 의미의 실업보험사업에 한정하였다.

그러나 **고용보험**(employment insurance)은 이에 머무르

---

93) 정부는 1997년 12월 24일 IMF측과 「실업자 지원확충, 직업훈련 강화, 노동시장 구조조정 등 정부의 고용보험제도 강화 계획을 1998년 2월중 발표」하기로 합의하였고, 이 합의사항 이행의 차원에서 1998년 2월 20일 대폭 개정한 것이다.

지 않고 실업의 예방, 재취업의 촉진, 고용기회의 확대 등 고용안정사업과 노동자의 능력개발사업을 연계하여 실시하는 예방적·적극적 성격의 사회보험이다.

3. 보험자

고용보험 사업을 담당하는 정부 부처가 사회보장정책의 문제로 보아 사회보장 관련부서에서 담당하는 경우(영국)도 있다. 그러나 우리나라는 실업문제와 관련된 것으로 보아 **고용노동부장관**의 소관으로 하고 있다(미국·일본·독일 등).

4. 피보험자

고용보험에 가입하거나 가입된 것으로 보는 **근로자와 자영업자**이다. 고용보험법은 원칙적으로 근로자를 고용하는 **모든 사업**에 적용된다. **일정한 사유**에 해당하는 자94)에게는 적용하지 아니한다(제10조).

---

94) ① 소정(所定)근로시간이 대통령령으로 정하는 시간 미만인 자(1개월간 소정근로시간이 **60시간 미만인 자**, 1주간의 소정 **근로시간이 15시간 미만인 자**, 다만, 3개월 이상 계속하여 근로를 제공하는 자와 일용근로자는 제외한다), ② **공무원**(다만, 별정직공무원과 임기제공무원은 가입 가능), ③ **사립학교 교직원 연금법의 적용을 받는 자**, ④ 그 밖에 대통령령으로 정하는 자(**외국인 근로자**, 단 「외국인근로자의 고용 등에 관

5. 보험급여

가. 고용안정·직업능력개발사업 관련 급여

고용노동부장관은 피보험자 및 피보험자였던 자, 그 밖에 취업할 의사를 가진 자에 대한 **고용안정 · 직업능력개발 사업**을 실시한다(제19조 제1항).

나. 실업급여

실업급여에는 실업상태에 대응하여 일률적으로 지급되는 **구직급여**와 실업자의 조기재취업을 촉진하기 위하여 일정한 요건하에 추가적으로 지급되는 **취업촉진수당95)**이 있다(제37조 제1항).

구직급여를 지급받고자 하는 자는 **직업안정기관의 장**으로부터 구직급여의 **수급요건**(제40조 제1항)인 수급 자격을 갖추었다는 인정을 받아야 한다(제44조 제1항).

한 법률」의 적용을 받는 외국인근로자에게는 적용한다. 그 외의 외국인근로자에게는 이 법의 전부 또는 일부를 적용한다. 2019. 1. 15. 신설, 2019. 7. 16. 시행, **별정우체국직원**), ⑤ **65세 이후에 고용**(65세 전부터 피보험 자격을 유지하던 사람이 65세 이후에 계속하여 고용된 경우는 제외한다)되거나 **자영업을 개시한 사람**에게는 제4장 및 제5장을 적용하지 아니한다.

95) 이에는 ① **조기(早期)재취업 수당** ② **직업능력개발 수당** ③ **광역 구직활동비** ④ **이주비** 등이 있다(제37조 제2항).

그리고 훈련거부·직업지도거부·부정행위 등이 있으면, 급여의 지급을 제한한다.

피보험 단위기간은 피보험기간 중 보수 지급의 기초가 된 날을 합하여 계산한다. 구직급여의 산정기초가 되는 임금일액(다음부터 '기초일액'이라 한다)은 구직급여 수급자격과 관련된 최종 이직일을 기준으로 근로기준법에 의하여 산정된 평균임금으로 한다(제45조 제1항 본문). 구직급여일액은 **기초일액에 100분의 50을 곱한 금액**으로 한다(제46조 제1항).

구직급여는 근로자는 당해 구직급여의 수급자격과 관련된 이직일의 다음날부터 기산하여 12월내에 피보험기간 및 연령에 따라 **90일에서 240일까지** 법정된 소정급여일수(제50조 제1항)를 한도로 하여 지급한다(제50조 제1항). **자영업자**에 대하여는 **90일에서 180일까지** 지급한다(제69조의6).

다. 육아관련 급여

고용노동부장관은 「남녀고용평등과 일·가정 양립 지원에 관한 법률」에 따른 육아휴직을 30일 이상 부여받은 피보험자 중 일정 요건을 모두 갖춘 피보험자에게 **육아휴직 급여**를 지급한다(제70조 제1항).

고용노동부장관은 육아기 근로시간 단축을 30일

이상 실시한 피보험자 중 일정 요건을 모두 갖춘 피
보험자에게 **육아기 근로시간 단축 급여**를 지급한다
(제73조2 제1항).

라. 출산전후휴가 급여 등

고용노동부장관은 남녀고용평등법에 따라 피보험자가
근로기준법에 따른 출산전후휴가 또는 유산·사산휴가
를 받은 경우로서 일정 요건을 모두 갖춘 경우에 **출산
전후휴가 급여 등**을 지급한다(제75조 제1항).[96]

V. 노인장기요양보험법

1. 입법 과정

고령화사회에서 고령사회로 이행되는데[97] 소요되는

---

96) **사업주가 출산전후휴가 급여등의 지급사유와 같은 사유로 그에
상당하는 금품을 근로자에게 미리 지급한 경우에** 사업주는 지급한
금액에 대하여 그 근로자의 출산전후휴가 급여등을 받을 권리를 대
위한다(제75조의2).

97) 국제연합이 정한 기준에 의하면 고령화율, 즉 전체인구에서 65세
이상의 인구가 차지하는 비율이 7% 이상인 사회를 고령화사회
(Aging Society), 14% 이상인 사회를 고령사회(Aged Society),
20% 이상인 사회를 초고령사회(Super Aged Society)라고 정의한다.

기간면에서 보면, 일본은 26년, 미국은 75년, 프랑스는
무려 115년이 소요되었지만, 우리나라는 2000년에서
2018년까지 약 18년밖에 걸리지 않았는데, 이는 세계적
으로 유례없는 현상이다.

이러한 상황하에서 스스로 일상생활을 영위할 수 없
는 노인의 간병·장기요양 등 돌봄책임을 사회적 연대
원리에 따라 정부와 사회가 공동으로 해결하기 위하
여, 노인장기요양보험제도(Long-term Care System)를 도입
하였다. 2007년 4월 27일 **노인장기요양보험법**을 제정(법
률 제8403호)하여 2008년 7월 1일부터 시행하였다.

2. 입법 목적

이 법은 고령이나 노인성 질병 등의 사유로 일상
생활을 혼자서 수행하기 어려운 노인등에게 제공하는
신체활동 또는 가사활동 지원 등의 장기요양급여에
관한 사항을 규정하여 **노후의 건강증진 및 생활안정
을 도모하고 그 가족의 부담을 덜어줌**으로써 국민의
삶의 질을 향상하도록 함을 목적으로 한다(제1조).

3. 보험자

노인장기요양보험은 국가가 사회보장정책의 일환으로 시행하는 국민건강보험, 국민연금 등과 마찬가지로 공적 보험제도이다.

장기요양보험사업은 **보건복지부장관**이 관장하지만(제7조 제1항), 보험자는 **국민건강보험공단**이다(제7조 제2항, 제48조 제1항).

4. 피보험자

장기요양보험은 특별히 가입절차를 거치지 아니하고, **국민건강보험의 가입자**를 당연 가입자로 한다(제7조 제3항).[98]

장기요양보험가입자·피부양자의 자격취득·상실, 장기요양보험료 등의 납부·징수 및 결손처분 등에 관하여 **국민건강보험법**을 준용한다(제11조).

---

98) 그러나 「외국인근로자의 고용 등에 관한 법률」에 따른 외국인 근로자 등 대통령령으로 정하는 외국인이 신청하는 경우 장기요양보험가입자에서 제외할 수 있다(제7조 제4항).

5. 보험급여

가. 장기요양의 인정절차

장기요양보험급여를 받고자 하는 자는 공단에 **장기요양인정신청서**를 제출하여 인정을 받아야 한다. 신청할 수 있는 자는 ① 장기요양보험가입자 또는 ② 그 피부양자, ③ 의료급여법에 따른 수급권자로 한다(제12조 제1항).

장기요양인정을 신청하는 자는 공단에 보건복지부령이 정하는 바에 따라 신청서에 의사 또는 한의사가 발급하는 **소견서**를 첨부하여 제출하여야 한다(제13조 제1항 본문).

공단은 조사가 완료된 때 조사결과서, 신청서, 의사소견서, 그 밖에 심의에 필요한 자료를 **장기요양등급판정위원회**에 제출하여야 한다(제15조 제1항).99)

나. 장기요양급여의 종류

노인장기요양급여는 크게 다음 세 가지로 구분된다(제23조 제1항).

---

99) 등급판정위원회는 신청인이 신청자격요건을 충족하고 **6개월 이상 동안 혼자서 일상생활을 수행하기 어렵다고 인정하는 경우** 심신상태 및 장기요양이 필요한 정도 등 등급판정기준에 따라 수급자로 판정한다(제15조 제2항, 영 제7조 제1항).

① **재가급여,**100) ② **시설급여,**101) 그리고 ③ **특별현금급여.**102)

다. 장기요양급여의 제공

수급자는 원칙적으로 **장기요양인정서가 도달한 날부터** 장기요양급여를 받을 수 있다(제27조 제1항).103) 수급자는 원칙적으로 ① 재가급여의 경우 당해장기요양급여비용의 100분의 15, ② 시설급여의 경우 장기요양급여비용의 100분의 20을 부담한다(제40조 제1항 본문).104)

---

100) 재가급여는 요양급여의 수급자가 가정에 머무르면서 급여를 제공받는 것으로 비용이나 효과면에서 가장 유용한 급여이다. 이에는 ① 방문요양, ② 방문목욕, ③ 방문간호, ④ 주·야간보호, ⑤ 단기보호, ⑥ 그 밖의 재가급여 등이 있다(제23조 제1항).

101) 시설급여는 장기요양기관이 운영하는 노인의료복지시설 등에 장기간 동안 입소하여 신체활동 지원 및 심신기능의 유지·향상을 위한 교육·훈련 등을 제공하는 장기요양급여이다.

102) 특별현금급여에는 ① 가족요양비, ② 특례요양비, ③ 요양병원간병비 등이 있다.

103) 재가급여 또는 시설급여를 제공하는 **장기요양기관을 운영**하려는 자는 소재지를 관할 구역으로 하는 특별자치시장·특별자치도지사·시장·군수·구청장으로부터 **지정**을 받아야 한다(제31조 제1항).

104) 다만, 수급자 중 의료급여법에 따른 수급자는 그러하지 아니하다(제40조 제1항 단서). 장기요양급여에 대한 비용은 수급자 본인이 전부 부담한다(제40조 제2항). 그리고 특정한 자에 대하여는 본인 일부부담금의 100분의 50을 감경한다.

제4장 특별보호 법제

제 1 절

특별보호의 기본원리

Ⅰ. 공공부조와 사회보험의 틈새 보호

인간다운 생활권을 실현하기 위하여 두 가지 제도를 마련하고 있다. 하나는 노령·질병 등 각종 사회적 재해를 예방하거나 이러한 재해가 발생하였을 때에 대비한 **사회보험**이다.

그러나 이것만으로 개인의 능력에 의한 기본생활 영위가 절대적으로 불가능한 자에 대한 **공공부조** 이다.

그러나 이 두 가지에 의하여도 인간다운 생활이 보장되지 않는 아동·장애인·노인 등 사회적 약자에 대한 대책이 **특별보호**이다.

〈표 28〉 　　　　　특별보호 암기법

공공부조	(특별보호)	사회보험
공공부조와 **사회보험**으로　해결되지 않으면 **특별보호**하여야 한다.		

Ⅱ. 사회적 약자에 대한 보호

아동, 장애인, 노인 등 사회적 약자는 특별보호청구권을 가진다. 이들에 대한 보호를 일반적으로 **협의의 사회복지(Social Welfare)**라 하며, 이를 위한 입법으로는 아동복지법, 노인복지법, 장애인복지법 등이 있다.

이들에 대한 특별보호는 그 자체에 목적이 있는 것이 아니고, 이들이 헌법에서 보장한 **인간다운 생활권을 실현**할 수 있도록 하는데 있다. 따라서 이러한 보호청구권만으로 인간다운 생활권의 보장이 불가능할 경우에는 **다른 사회보장청구권을 신설할 것을 요구**할 수 있다.

이는 앞(P.4~6)에서 본 바와 같이, 사회서비스 중에서 국가와 지방자치단체가 제공하는 **공적 사회서비스**이다.

〈표 29〉　　　　　특별보호대상자 암기법

아동	장애인	노인
아동과 **노인** 사이에 **장애인**이 안되도록 노력하여야 한다.		

제 2 절

아동 보호법제

I. 아동복지법

1. 입법 과정

1961년 **아동복리법**을 제정하면서부터 아동을 법적으로 보호하기 시작하였다. 특히 6·25전쟁으로 인하여 이른 바 '전쟁고아'의 대량발생과 전후의 비참한 생활여건으로 인하여 아동을 건전하게 육성하는 기반은 갖추어지지 못하였다.

그 후 고도의 경제성장정책이 가져 온 후유증과 사회구조의 계층화·복잡화가 급속도로 진행됨에 따라 질병·빈곤·약물중독에 의한 이른바 결손가정이 증대되고, 이혼·별거·미혼모 등에 의한 가정해체현상이 심화되었다.

이러한 상황하에서 국가가 요보호아동을 보호하고 유아보육과 임산부 보호를 행하기 위하여, 1981년 4

월 13일 전부개정(동일자로 시행함)하여 법률의 명칭을
아동복지법으로 변경하였다.

2. 입법 목적

헌법은 모든 국민은 인간다운 생활을 할 권리가 있다
고 천명하고, 국가는 청소년의 복지향상을 위한 정책을
실시할 의무를 진다고 규정하고 있다(제34조 제1항 및 4항).

아동복지법은 이러한 헌법정신을 실현하기 위하여
모든 국민은 아동을 보호·양육하고 사회생활에 적응되
도록 육성할 책임을 진다고 하고, **국가와 지방자치단
체는 보호자와 더불어** 아동을 건전하게 육성할 책임
을 진다고 규정하고 있다.

그리고 '아동복지'란 아동이 행복한 삶을 누릴 수 있
는 기본적인 여건을 조성하고 조화롭게 성장·발달할
수 있도록 하기 위한 경제적·사회적·정서적 지원을
말한다(제3조 제2호).

3. 보호대상

아동복지법의 보호대상은 아동이며, **18세 미만인
사람**으로 규정하고 있다(제3조 제1호).[105]

4. 절대적 금지행위

누구든지 다음의 행위를 하여서는 아니 된다(제17조).

① 아동을 **매매하는 행위** ② 아동에게 음란한 행위를 시키거나 이를 매개하는 행위 또는 아동에게 성적 수치심을 주는 성희롱 등의 **성적 학대행위** ③ 아동의 신체에 손상을 주거나 신체의 건강 및 발달을 해치는 **신체적 학대행위** ④ 아동의 정신건강 및 발달에 해를 끼치는 **정서적 학대행위** ⑤ 자신의 보호·감독을 받는 아동을 유기하거나 의식주를 포함한 기본적 보호·양육·치료 및 교육을 소홀히 하는 **방임행위** ⑥ 장애를 가진 아동을 공중에 **관람시키는 행위** ⑦ 아동에게 구걸을 시키거나 아동을 이용하여 **구걸하는 행위** 등.

5. 친권행사의 제한 등

시·도지사, 시장·군수·구청장 또는 검사는 아동의 친권자가 그 친권을 남용하거나 현저한 비행이나 아동학대, 그 밖에 친권을 행사할 수 없는 중대한 사유가 있는 것을 발견한 경우 아동의 복지를 위하여 필요하다고 인정할 때에는 **법원에 친권행사의 제한 또는 친**

---

105) 참고로 **민법**상 성년은 19세 이상이므로, 19세 미만자는 미성년자이다(제4조). **청소년기본법**상 청소년은 "9세 이상 24세 이하인 사람"이고(제3조 제1호), **청소년보호법**상 청소년은 "만 19세 미만인 사람"이다(제2조 제1호).

권상실의 선고를 청구하여야 한다(제18조 제1항).

시·도지사, 시장·군수·구청장, 아동복지시설의 장 및 학교의 장은 친권자 또는 후견인이 없는 아동을 발견한 경우 그 복지를 위하여 필요하다고 인정할 때에는 **법원에 후견인의 선임을 청구**하여야 한다(제19조 제1항).

6. 아동전용시설

국가와 지방자치단체는 아동이 항상 이용할 수 있는 **어린이공원, 어린이놀이터, 아동회관, 체육연극영화과학실험전시실** 등 아동전용시설을 설치하도록 노력하여야 한다(제10조 제1항).

7. 아동복지시설

아동복지시설의 종류는 다음과 같다(제52조 제1항, 2017년 10월 24일 개정).

① 아동양육시설 ② 아동일시보호시설 ③ 아동보호치료시설 ④ 공동생활가정 ⑤ 자립지원시설 ⑥ 아동상담소 ⑦ 아동전용시설 ⑧ 지역아동센터 ⑨ 아동보호전문기관 ⑩ 가정위탁지원센터.

8. 아동학대예방의 날

아동의 건강한 성장을 도모하고, 범국민적으로 아동학대의 예방과 방지에 관한 관심을 높이기 위하여 **매년 11월 19일**을 아동학대예방의 날로 지정하고, 아동학대예방의 날부터 1주일을 아동학대예방주간으로 한다(제23조 제1항).

II. 영유아보육법

1. 입법 과정

현대사회의 산업화에 따른 **여성의 사회참여 증가 및 가족구조의 핵가족화에 의한 탁아수요의 급증**에 따라 아동보호와 교육문제는 개인적인 차원을 넘어 사회적·국가적 차원에서 해결이 불가피하게 되었다.

그러나 아동복지법에 의한 탁아사업은 시설 설립주체의 제한으로 인한 보육사업 확대곤란, 관장부처의 다원화로 체계적이고 효율적인 보육사업 추진등에 문제점이 있었다.

따라서 영유아의 보호와 교육에 관한 별도의 입법을 통하여 **보육시설의 조속한 확대 및 체계화**로 아동의 건전한 보호·교육 및 보육자의 경제적·사회적 활동의 지원을 통하여 가정복지증진을 도모하기 위하여 1991년 1월 14일 **영유아보육법**을 제정(법률 제4328호)하여 동일자로 시행하였다.

2. 입법 목적

이 법은 영유아(嬰幼兒)의 심신을 보호하고 건전하게 교육하여 건강한 사회 구성원으로 육성함과 아울러 보호자의 경제적·사회적 활동이 원활하게 이루어지도록 함으로써 영유아 및 가정의 복지 증진에 이바지함을 목적으로 한다(제1조).

3. 보호대상자

'영유아' 란 영아(嬰兒)와 유아(幼兒)를 합한 개념으로, **6세 미만의 취학 전 아동**을 말한다(제2조).

4. 한국보육진흥원

보육서비스의 질 향상을 도모하고 보육정책을 체계적으로 지원하기 위하여 한국보육진흥원을 설립한다(제8조 제1항).106)

5. 보육 실태 조사

보건복지부장관은 **3년마다** 보육 실태 조사를 하여야 한다(제9조 제1항).

6. 어린이집

특별자치도지사 · 시장 · 군수 · 구청장은 영유아의 보육을 위한 적절한 어린이집을 확보하여야 한다(제4조 제3항). 어린이집에는 **보육교직원**을 두어야 한다(제17조 제1항).[107]

---

106) 진흥원은 다음의 업무를 수행한다. 1. 어린이집 평가척도 개발, 2. 보육사업에 관한 교육 · 훈련 및 홍보, 3. 영유아 보육프로그램 및 교재 · 교구 개발, 4. 보육교직원 연수프로그램 개발 및 교재 개발, 5. 이 법에 따라 보건복지부장관으로부터 위탁받은 업무, 6. 그 밖에 보육정책과 관련하여 보건복지부장관이 필요하다고 인정하는 업무.

107) 제10조(어린이집의 종류) 어린이집의 종류는 다음 각 호와 같다. 1. 국공립어린이집 : 국가나 지방자치단체가 설치 · 운영하는 어린이집 2. 사회복지법인어린이집 : 「사회복지사업법」에 따른 사회복지법인(다음부터 '사회복지법인'이라한다)이 설치 · 운영하는 어린이집 3. 법인 · 단체등어린이집: 각종 법인(사회복지법인을 제외한 비영리법인)이나 단체 등이 설치 · 운영하는 어린이집으로서 대통령령으로 정하는 어린이집 4. 직장어린이집 : 사업주가 사업장의 근로자를 위하여 설치 · 운영하는 어린이집(국가나 지방자치단체의 장이 소

Ⅲ. 아동수당법

1. 입법 과정

아동수당법(법률 제15539호)은 2018년 3월 27일 제정하여 같은 해 9월 1일부터 시행하였다.

2. 입법 목적

이 법은 아동에게 아동수당을 지급하여 **아동 양육에 따른 경제적 부담을 경감**하고 건강한 성장 환경을 조성함으로써 아동의 기본적 권리와 복지를 증진하기 위한 것이다(제1조).

3. 아동수당의 지급대상

2019년부터는 **6세 미만의 모든 아동**에게 지급된다.

속 공무원 및 국가나 지방자치단체의 장과 근로계약을 체결한 자로서 공무원이 아닌 자를 위하여 설치·운영하는 어린이집을 포함한다) 5. 가정어린이집 : 개인이 가정이나 그에 준하는 곳에 설치·운영하는 어린이집 6. 협동어린이집 : 보호자 또는 보호자와 보육교직원이 조합(영리를 목적으로 하지 아니하는 조합에 한정한다)을 결성하여 설치·운영하는 어린이집 7. 민간어린이집 : 제1호부터 제6호까지의 규정에 해당하지 아니하는 어린이집.

4. 아동수당의 금액

아동수당은 **매월 10만원**을 지급하되, 보호자와 그 가구원의 경제적 수준 등을 고려하여 일부 감액하여 지급할 수 있다(제4조 제3항).[108]

Ⅳ. 실종아동법

1. 입법 과정

2005년 5월 31일 **실종아동등의 보호 및 지원에 관한 법률**(다음부터 '실종아동법' 이라 한다)을 제정(법률 제7560호)하여 같은 해 12월 1일부터 시행하였다.

2. 입법 목적

이 법은 실종아동등의 발생을 예방하고 조속한 발견과 복귀를 도모하며 복귀 후의 사회 적응을 지원

---

108) [시사뉴스 조아라 기자] 아동수당 예산이 1조 9271억원에서 2조 1627억원으로 2356억원 증액됨에 따라 2019년 1월부터 소득수준과 상관없이 만 5세 아동까지 월 10만원씩 받을 수 있게 됐다. 9월부터는 초등학교 입학 전인 만 7세까지의 아동도 아동수당을 받을 수 있게 된다. 등록 2018.12.17.

함으로써 실종아동등과 가정의 복지증진에 이바지하기 위한 것이다(제1조).

3. 실종아동의 신고

아동보호 직무 종사자[109]는 그 직무를 수행하면서 실종아동등임을 알게 되었을 때에는 경찰청장이 구축하여 운영하는 신고체계로 지체 없이 신고하여야 한다(제6조 제1항). **경찰관서의 장**은 실종아동등의 발생 신고를 접수하면 지체 없이 수색 또는 수사의 실시 여부를 결정하여야 한다(제9조 제1항).

---

109) 1. 보호시설의 장 또는 그 종사자 2. 「아동복지법」 제13조에 따른 아동복지전담공무원 3. 「청소년 보호법」 제35조에 따른 청소년 보호·재활센터의 장 또는 그 종사자 4. 「사회복지사업법」 제14조에 따른 사회복지전담공무원 5. 「의료법」 제3조에 따른 의료기관의 장 또는 의료인 6. 업무·고용 등의 관계로 사실상 아동등을 보호·감독하는 사람.

제 3 절

장애인 보호법제

Ⅰ. 장애인복지법

1. 입법 과정

UN은 1981년 **세계 장애인의 해**에 5개 항목의 목표를 제시하였다. 우리나라는 이를 계기로 우리나라 최초의 장애자복지법인 **심신장애자복지법**이 1981년 제정되었다.

그 후 1988년 **장애인 올림픽**의 서울 개최를 계기로 하여, 장애인에 대한 근본적이고 종합적인 복지정책의 현실적 욕구가 더욱 중대되었다. 이 같은 요구에 부응하기 위하여 종래의 「심신장애자 복지법」이 **장애인복지법**(1989.12.30)으로 전면개정된 후, 수차 개정되어 왔다.

2. 입법 목적

국가는 사회보장, 사회복지의 증진에 노력하여야 할 의무를 지지만, 장애인에 대하여는 특별히 보호하여야 할 의무가 있다. 그 이유는 장애인은 신체나 정신상의 장애로 말미암아 자유로운 사회생활에 많은 제약을 받고 있으므로, 행복추구권이나 인간다운 생활권이 침해될 가능성이 크기 때문이다.

따라서 장애인복지법은 장애인대책에 관한 국가, 지방자치단체 등의 책무를 명백히 하고, 장애발생의 예방과 장애인의 의료·훈련·보호·교육·고용의 증진·수당의 지급 등 **장애인복지대책의 기본이 되는 사업**을 정함으로써 장애인복지대책의 종합적 추진을 도모하며, **장애인의 자립 및 보호에 관하여 필요한 사항**을 정함으로써 장애인의 생활안정에 기여하는 등 장애인의 복지증진에 기여함을 목적으로 한다.

UN은 1981년 "세계 장애인의 해"에 **장애인의 완전한 참여110)와 평등**을 제시하였다.

---

110) "완전한 참여"란 장애로 인한 제한적 사회참여가 아니라, 비록 장애가 있으나 이를 극복하도록 각종 재활서비스를 강

3. 보호의 대상자

장애인복지수급권의 권리 주체는 장애인복지법에서 규정하고 있는 **장애인**이며, **신체적 · 정신적 장애로 오랫동안 일상생활이나 사회생활에서 상당한 제약을 받는 자**를 말한다(제2조).

4. 장애인 보호정책

보건복지부장관은 장애인 복지정책의 수립에 필요한 기초 자료로 활용하기 위하여 **3년마다 장애실태조사**를 실시하여야 한다(제31조 제1항). 국가와 지방자치단체는 **장애의 발생 원인과 예방**에 관한 조사 연구를 촉진하여야 하며, 모자보건사업의 강화, 장애의 원인이 되는 질병의 조기 발견과 조기 치료, 그 밖에 필요한 정책을 강구하여야 한다(제17조 제1항).

그리고 학생, 공무원, 근로자, 그 밖의 일반국민 등을 대상으로 장애인에 대한 **인식개선**을 위한 교육 및 공익

화시키고 사회적·물질적 환경을 개선함으로써 장애인들의 사회참여가 보장되도록 한다는 의미이다.

광고 등 홍보사업을 실시하여야 한다(제25조 제1항).

그리고 장애인이 **선거권**을 행사하는 데에 불편함이 없도록 편의시설·설비를 설치하고, 선거권 행사에 관하여 홍보하며, 선거용 보조기구를 개발·보급하는 등 필요한 조치를 강구하여야 한다(제26조).

그리고 공공주택등 주택을 건설할 경우에는 장애인에게 장애 정도를 고려하여 **우선 분양 또는 임대**할 수 있도록 노력하여야 한다(제27조 제1항). 국가와 지방자치단체는 주택의 구입자금·임차자금 또는 개·보수비용의 지원 등 장애인의 일상생활에 적합한 **주택의 보급·개선**에 필요한 시책을 강구하여야 한다(제27조 제2항). 그리고 장애인의 **문화생활과 체육활동**을 늘리기 위하여 관련 시설 및 설비, 그 밖의 환경을 정비하고 문화생활과 체육활동 등을 지원하도록 노력하여야 한다(제28조).

5. 장애인등록

장애인, 그 법정대리인 또는 보호자는 장애 상태와 그 밖에 보건복지부령이 정하는 사항을 특별자치시장·특별자치도지사·시장·군수 또는 구청장(자치구의 구청장을 말한다.)에게 등록하여야 하며, 특별자치시장·특별자치도지사·시장·군수·구청장은 등록을 신청한 장애인이 기준에 맞으면 **장애인등록증**을 내주어야 한다(제32조 제1항). **재외동포 및 외국인도 일정한 경우 장애인 등록을 할 수 있다**(제32조의2 제1항).

기존의 **장애인의 등급제(1급~6급)를 폐지**하고 최소한의 장애정도(1~3급/4~6급)를 구분하도록 하였고, 장애 인정과 장애 정도 사정(査定)에 관한 업무를 위하여 보건복지부에 **장애판정위원회**를 둘 수 있다(제32조 4항).[111]

6. 장애수당 등의 지급

국가와 지방자치단체는 장애인의 장애 정도와 경제적 수준을 고려하여 장애로 인한 추가적 비용을 보전(補塡)하게 하기 위하여 **장애수당**을 지급할 수 있다.[112]

장애로 인하여 생활이 어려운 장애인연금법상 중증장애인에게는 장애수당을 지급하지 아니하며(제49조 제2항),

---

111) 2017년 12월 19일 개정되어 2019년 7월 1일부터 시행힌다.

112) 다만, 국민기초생활 보장법 제7조 제1항 제1호에 따른 생계급여 또는 같은 항 제3호에 따른 의료급여를 받는 장애인에게는 장애수당을 반드시 지급하여야 한다(제49조 제1항).

대신 소득인정액이 대통령령으로 정하는 금액 이하인 사람에게는 장애인연금법에 의하여 **장애인연금을 지급한다.**

그리고 국가와 지방자치단체는 장애로 인한 추가적 비용을 보전(補塡)하게 하기 위하여 **장애아동수당**이나 **보호수당**을 지급할 수 있다(제50조 제1항, 제2항).

7. 절대적 금지행위

누구든지 다음의 어느 하나에 해당하는 행위를 하여서는 아니 된다(제59조).

① 성적 수치심을 주는 **성희롱·성폭력** 등의 행위 ② **신체에 폭행**을 가하거나 상해를 입히는 행위 ③ 자신의 보호·감독을 받는 장애인을 유기하거나 의식주를 포함한 기본적 보호 및 치료를 소홀히 하는 **방임행위** ④ **구걸**을 하게 하거나 장애인을 이용하여 구걸하는 행위 ⑤ **체포 또는 감금**하는 행위 ⑥ 정신건강 및 발달에 해를 끼치는 **정서적 학대행위** ⑦ 증여 또는 급여된 금품을 그 목적 외의 용도에 사용하는 행위 ⑧ 공중의 오락 또는 흥행을 목적으로 장애인의 건강 또는 안전에 유해한 곡예를 시키는 행위.

8. 장애인복지조치

장애인복지조치의 종류는 다음과 같다.

① 장애영유아의 조기발견과 모자보건 및 재활의료의 조치 ② 학령기에 있는 장애아의 교육조치 ③ 장애학교 졸업후의 성인생활이행기의 충실조치 ④ 장애자의 고용 및 취로의 조치 ⑤ 물리적 환경의 개선조치, ⑥ 장애인에 대한 소득보장제도의 내실화조치 ⑦ 장애고령자에 대한 특별배려의 조치 등.

9. 장애인복지시설

장애인복지시설의 종류는 다음과 같다(제58조 제1항).

① 장애인 거주시설 ② 장애인 지역사회재활시설 ③ 장애인 직업재활시설 ④ 장애인 의료재활시설 ⑤ 그 밖에 대통령령으로 정하는 시설(장애인 생산품판매시설).

II. 장애인고용촉진법

1. 입법 과정

1990년 1월 13일 **장애인 고용촉진등에 관한 법률**이 제정되어 1991년 1월 1일 시행되었다.

그 후 2000년 1월 12일 전부개정시 법률의 명칭을 **장애인고용촉진 및 직업재활법**(다음부터 '장애인고용촉진법' 이라 한다)으로 변경하여 2000년 7월 1일부터 시행하고 있다.

2. 입법 목적

이 법은 장애인이 그 능력에 맞는 직업생활을 통하여 인간다운 생활을 할 수 있도록 **장애인의 고용촉진 및 직업재활**을 꾀하는 것을 목적으로 한다(제1조).

3. 장애인 고용촉진 및 직업재활 기본계획 등

고용노동부장관은 관계 중앙행정기관의 장과 협의하여 장애인의 고용촉진 및 직업재활을 위한 **기본계획을 5년마다 수립**하여야 한다(제7조 제1항).

4. 공무원 의무고용비율

국가와 지방자치단체의 장은 장애인을 **소속 공무원 정원**에 대하여 다음의 구분에 해당하는 비율 이상 고용하여야 한다(제27조 제1항).

① 2017년 1월 1일부터 2018년 12월 31일까지: 1천분의 32
② 2019년 이후: **1천분의 34**

Ⅲ. 장애아동복지지원법

1. 입법 과정

2011년 8월 4일 **장애아동복지지원법**이 제정(법률 제 11009호)되어 2012년 9월 1일부터 시행되었다.

2. 입법 목적

일반인에 비하여 장애인은 인간다운 생활을 영위하기 어려운데, 성인인 장애인과 달리 **아동이면서 장애를 가진 자**는 더욱 보호의 필요가 있다.

따라서 이 법의 기본이념은 장애아동을 위한 모든 활동에 있어서 장애아동의 이익을 최우선적으로 고려하여야 하고(제3조 제1항), 장애아동은 자신에게 영향을 미치는 모든 활동에 대하여 자신의 견해를 자유로이 표현할 권리를 최대한 보장받도록 하는 것이디(제3조 제2항).

3. 보호 내용

국가와 지방자치단체는 장애아동의 의료적 욕구에 따라 적절한 **의료비지원**을 할 수 있으며(제19조 제1항), 이는 국민건강보험법과 의료급여법에 따라 제공되는 의료에 드는 비용 중 장애아동의 부담을 지원하는 것으로 한다(제19조 제2항).

그리고 영유아보육법에 따른 어린이집 이용대상이 되는 장애아동(다음부터 '장애영유아' 라 한다)에 대하여 **보육료** 등을 지원하여야 한다(제22조 제1항).

어린이집 또는 유아교육법에 따른 유치원을 이용하지 아니하는 장애영유아에게 영유아보육법에 따라 **양육수당**을 지급할 수 있다(제22조 제2항).

Ⅳ. 장애인활동법

1. 입법 과정

신체적 · 정신적 장애 등으로 혼자서 일상생활과

사회생활을 하기 어려운 장애인에게 제공하는 활동
보조, 방문목욕, 방문간호 또는 주간보호 등의 활동
지원급여에 관한 사항을 규정하기 위하여 **장애인활
동 지원에 관한 법률**(다음부터 '장애인활동법' 이라 한다)을
2011년 1월 4일 제정(법률 제10426호)하여 같은 해
10월 5일부터 시행하였다.

2. 입법 목적

이 법은 신체적·정신적 장애 등의 사유로 혼자서 일
상생활과 사회생활을 하기 어려운 장애인에게 제공하는
활동지원급여 등에 관한 사항을 규정하여 **장애인의 자
립생활을 지원하고 그 가족의 부담을 줄임으로써** 장애
인의 삶의 질을 높이는 것을 목적으로 한다(제1조).

3. 보호대상자

활동지원급여를 신청할 수 있는 사람은 다음의
자격을 모두 갖추어야 한다(제5조).

① 혼자서 일상생활과 사회생활을 하기 어려운 장애인

② 노인장기요양보험법 제2조 제1호에 따른 노인등이 아
닌 사람으로서 대통령령으로 정하는 연령 이상인 사람.[113]

③ 활동지원급여와 비슷한 다른 급여를 받고 있거나 국민기초생활 보장법 제32조에 따른 보장시설에 입소한 경우 등 대통령령으로 정하는 경우에 해당하지 아니하는 사람

4. 보호의 내용

이 법에 따른 활동지원급여의 종류는 다음과 같다 (제17조 제1항).

① **활동보조**: 활동지원인력인 제27조에 따른 활동지원사가 수급자의 가정 등을 방문하여 신체활동, 가사활동 및 이동보조 등을 지원하는 활동지원급여

② **방문목욕**: 활동지원인력이 목욕설비를 갖춘 장비를 이용하여 수급자의 가정 등을 방문하여 목욕을 제공하는 활동지원급여

③ **방문간호**: 활동지원인력인 간호사 등이 의사, 한의사 또는 치과의사의 지시서에 따라 수급자의 가정 등을 방문하여 간호, 진료의 보조, 요양에 관한 상담 또는 구강위생 등을 제공하는 활동지원급여

④ **그 밖의 활동지원급여**: 야간보호 등 대통령령으로 정하는 활동지원급여.

---

113) 다만, 이 법에 따른 수급자였다가 65세 이후에 노인장기요양보험법에 따른 장기요양급여를 받지 못하게 된 사람으로서 보건복지부장관이 정하는 기준에 해당하는 사람은 신청자격을 갖는다.

5. 장애인활동지원정보시스템의 구축 및 운영

보건복지부장관은 장애인활동지원정보시스템을 구축·운영할 수 있다(제40조).

V. 장애인등편의법

1. 입법 과정

장애인 · 노인 · 임산부 등의 편의증진 보장에 관한 법률(다음부터 '장애인등편의법' 이라 한다) 1997년 4월 10일 제정(법률 제5332호)하여 1998년 4월 11일부터 시행하였다.

2. 입법 목적

이 법은 장애인·노인·임산부 등이 일상생활에서 안전하고 편리하게 시설과 설비를 이용하고 정보에 접근할 수 있도록 보장함으로써, 이들의 사회활동 참여와 복지 증진에 이바지함을 목적으로 한다(제1조).

3. 보호 내용

편의시설을 설치하여야 하는 대상은 다음의 어느 하나에 해당하는 것으로서 대통령령으로 정하는 것을 말한다(제7조).

① 공원, ② 공공건물 및 공중이용시설, ③ 공동주택, ④ 통신시설, ⑤ 그 밖에 장애인등의 편의를 위하여 편의시설을 설치할 필요가 있는 건물·시설 및 그 부대시설.

노인 보호법제

Ⅰ. 노인복지법

1. 입법 과정

우리나라에서 노인문제가 심각하게 제기된 배경에
는 산업화·도시화 등이 가속화되면서 상대적으로 전
통적인 사회규범이나 가족규범은 약화되기 시작한데
따른 것이다. 따라서 이러한 사회의 구조적인 변화
에 국가가 대응하여야 할 필요성이 제기되었다.

1981년 6월 5일 노인복지법(법률 제3453호)이 제정되
었으며, 그 후 수차 개정되어 현재에 이르고 있다.

2. 입법 목적

헌법에 의하여 모든 국민은 인간다운 생활을 할 권
리를 가진다(제34조 제1항). 그리고 국가는 사회보장, 사

회복지의 증진에 노력하여야 할 의무를 진다(제34조 제2항). 특히 노인은 노령에 따른 신체적·정신적 능력의 감퇴, 사회적 활동력의 저하 등으로 생활적응력이 현저히 저하되므로, 국가뿐만 아니라 국민 모두의 보호가 필요하다.

따라서 헌법은 노인의 복지향상을 위한 정책을 실시할 국가의 의무를 규정하고 있고(제34조 제4항), 노인복지법은 **노인의 심신의 건강유지 및 생활안정을 위하여 필요한 조치**를 강구함으로써, 노인의 복지증진에 기여함을 그 목적으로 한다.

그리고 이는 복지증진 자체에 목적이 있는 것이 아니고 노인의 인간다운 생활권을 보장하기 위한 것이므로, 노인에 대한 보호와 복지증진은 노인이 인간다운 생활을 영위하기 위한 수준까지 보장되어야 한다.

3. 보호대상자

노인복지법은 노인에 대한 정의를 내리지 않고 있으며, 각 개별 조문에서 **65세 이상자**를 대상자로 하고 있다.

4. 노인복지시설

노인복지시설의 종류는 다음과 같다(제31조).

① 노인주거복지시설 ② 노인의료복지시설 ③ 노인여가복지시설 ④ 재가노인복지시설 ⑤ 노인보호전문기관 ⑥ 노인일자리지원기관.

5. 절대적 금지행위

누구든지 65세 이상의 사람에 대하여 다음의 어느 하나에 해당하는 행위를 하여서는 아니된다(제39조의9).

① 노인의 신체에 **폭행**을 가하거나 **상해**를 입히는 행위 ② 노인에게 성적 수치심을 주는 **성폭행·성희롱 등의 행위** ③ 자신의 보호·감독을 받는 노인을 유기하거나 의식주를 포함한 기본적 보호 및 치료를 소홀히 하는 **방임행위** ④ 노인에게 구걸을 하게 하거나 노인을 이용하여 **구걸하는 행위** ⑤ 노인을 위하여 증여 또는 급여된 **금품을 그 목적외의 용도에 사용하는 행위** ⑥ 폭언, 협박, 위협 등으로 노인의 정신건강에 해를 끼치는 **정서적 학대행위.**

6. 경로우대

국가 또는 지방자치단체는 **65세 이상의 자**에 대하

여 대통령령이 정하는 바에 의하여 국가 또는 지방
자치단체의 수송시설 및 고궁·능원·박물관·공원
등의 공공시설을 무료로 또는 그 이용요금을 할인하
여 이용하게 할 수 있다(제26조 제1항).

〈표 30〉　　　　경로우대시설의 종류와 할인율

시설의 종류	할인율
1. 철 도	
가. 새마을호, 무궁화호	100분의　30
나. 통근열차	100분의　50
다. 수도권전철	100분의 100
2. 도시철도(도시철도 구간안의 국유전기철도를 포함한다)	100분의 100
3. 고 궁	100분의 100
4. 능 원	100분의 100
5. 국·공립박물관	100분의 100
6. 국·공립공원	100분의 100
7. 국·공립미술관	100분의 100
8. 국·공립국악원	100분의 50 이상
9. 국가·지방자치단체 또는 국가나 지방자치단체가 출연하거나 경비를 지원하는 법인이 설치·운영하거나 그 운영을 위탁한 공연장	100분의 50

Ⅱ. 고령자고용법

1. 입법 과정

평균수명의 연장 등으로 인구구성에 있어 고령자가 차지하는 비율이 증가하고 있음에도 이들의 취업이 저조하며, 산업인력의 부족현상이 심각해지고 있다.

따라서 고령자가 그 능력에 적합한 직업에 취업하는 것을 지원·촉진함으로써 고령자의 고용안정과 국민경제의 발전에 이바지하기 위하여 **고용상 연령차별금지 및 고령자고용촉진에 관한 법률**(다음부터 '고령자고용법'이라 한다)을 1991년 12월 31일 제정(법률 제4487호)하여 1992년 7월 1일부터 시행하였다.

2. 입법 목적

이 법은 합리적인 이유 없이 연령을 이유로 하는 고용차별을 금지하고, 고령자(高齡者)가 그 능력에 맞는 직업을 가질 수 있도록 지원하고 촉진함으로써,

고령자의 고용안정과 국민경제의 발전에 이바지하는 것을 목적으로 한다(제1조).

3. 보호대상자

55세 이상인 사람을 고령자, **50세 이상 55세 미만인 사람**을 준고령자라 한다.

4. 고령자 고용촉진 기본계획의 수립

고용노동부장관은 고령자의 고용촉진에 관한 기본계획을 관계 중앙기관의 장과 협의하여 **5년마다 수립**하여야 한다(제4조의3 제1항).

5. 연령차별 금지

사업주는 다음의 분야에서 합리적인 이유 없이 연령을 이유로 근로자 또는 근로자가 되려는 자를 차별하여서는 아니 된다(제4조의4 제1항).

① 모집·채용, ② 임금, 임금 외의 금품 지급 및 복리후생, ③ 교육·훈련, ④ 배치·전보·승진, ⑤ 퇴직·해고.

6. 60세 이상 정년 보장

사업주는 근로자의 정년을 **60세 이상**으로 정하여야 하고(제19조 제1항), 만약 사업주가 60세 미만으로 정한 경우에는 정년을 60세로 정한 것으로 본다(제19조 제2항).

III. 대한노인회법

1. 입법 과정

저출산·고령사회를 맞아 이에 대응하는 고령사회 기반과 그 사회적 기능의 필요성이 더욱 증가하고 있는바, 대한노인회는 고령사회에 대응하는 중요한 사회적 인프라임에도 법정단체로서 지위를 확보하지 못하여 정부의 지원을 받지 못하는 등 사회적 기능을 발휘하는데 한계를 지니고 있었다.

이에 노인사회의 발전과 노인조직의 역량강화를 위하여 제도적으로 지원하기 위하여 **대한노인회 지**

원에 관한 법률(다음부터 '대한노인회법' 이라 한다) 2011
년 3월 30일 제정(법률 제10510호)하여 같은 날 시행
하였다.

2. 입법 목적

이 법은 대한민국 노인의 권익신장과 복지증진
및 사회참여 촉진을 위하여 설립된 **사단법인 대한노
인회의 발전을 지원**함으로써 민족의 번영과 국가·
사회 발전에 기여함을 목적으로 한다(제1조).

3. 대한노인회의 활동

대한노인회는 노인의 권익신장과 복지향상 및 사
회봉사 촉진을 도모하기 위하여 다음의 활동을 수행
한다(제2조).

① 노인의 권익신장 및 복지향상

② 노인 자원봉사활동의 증진

③ 노인교실 및 경로당 관리·운용

④ 노인 취업활동 및 노인 사회적 기업 지원

⑤ 노인건강증진을 위한 생활체육 촉진

⑥ 노인발전을 위한 조사연구·교육훈련·학술진흥·홍보출

판 · 국제교류 등의 업무

⑦ 노인의 날 및 노인주간 행사 주관

⑧ 국가 또는 지방자치단체가 위탁하는 노인에 관한 업무

⑨ 그 밖에 대한노인회의 목적 달성에 필요하여 정관으로
정하는 사항.

4. 국가·지방자치단체의 지원

국가 또는 지방자치단체는 대한노인회의 조직과
활동에 관하여 필요한 편의를 제공하고 협조 · 지원
할 수 있다(제3조).

그리고 대한노인회의 지원을 위하여 필요한 때에
는 국유재산법 또는 공유재산 및 물품 관리법 등에
도 불구하고 국유 · 공유 재산을 그 용도에 지장을
주지 아니하는 범위에서 **무상으로 대부하거나 사용
· 수익**하게 할 수 있다(제4조 제1항).114)

예산의 범위에서 대한노인회에 대하여 그 조직과
활동에 필요한 **비용의 전부 또는 일부를 보조**하거나
그 업무수행에 필요한 지원을 할 수 있다(제5조 제1항).

---

114) 무상으로 대부하거나 사용 · 수익하게 하는 경우에 그 내용
및 조건에 관하여는 해당 재산의 중앙관서의 장 또는 지방자치
단체의 장과 대한노인회 간의 **계약**으로 정한다(제4조 제2항).

대한노인회에 대하여는 조세 관계 법률에서 정하는 바에 따라 **조세를 감면**할 수 있다(제6조 제1항).

5. 국가·지방자치단체의 감독

대한노인회는 매 회계연도 개시 전에 다음 연도의 **예산서 및 사업계획서**를 작성하여 보건복지부장관에게 보고하여야 한다. 이를 변경할 때에도 또한 같다(제7조).

그리고 매 회계연도의 **수입·지출 결산보고서와 사업실적보고서**를 작성하여 다음 연도 1월 말까지 보건복지부장관에게 보고하여야 한다(제8조 제1항). 수입·지출 결산보고서에는 보건복지부장관이 지정하는 **공인회계사의 감사보고서를 첨부**한다(제8조 제2항).

보건복지부장관은 대한노인회의 **사무에 관하여 지도·감독**할 수 있다(제9조 제1항).

제 5 절

사회적약자 보호법제

Ⅰ. 한부모가족지원법

1. 입법 과정

처음에는 일반적으로 가계생계비의 주수입원인 부가 없는 모자로 구성된 세대를 지원하기 위하여 1989년 **모자복지법**을 제정하였다.

그러나 산업화 이후 여성의 사회진출이 확대됨에 따라 부자가정을 보호할 필요성이 증대되었다. 따라서 2003년 개정시 법률의 명칭을 **모·부자복지법**으로, 2007년 10월 17일 개정시에는 **한부모가족지원법**으로 변경하였다.

2. 입법 목적

한부모 가족은 가정에서 생활의 중심역할을 하는 아버지 또는 어머니가 없는 경우에 자녀의 올바른 성장을 지원하기 위하여 특별히 국가에서 보호하는 것을 말한다.

이 법은 모든 국민은 헌법에 의하여 인간다운 생활을 할 권리를 가지므로, 한부모 가족의 경우에도 건강하고 문화적인 생활을 영위할 수 있도록 함으로써 **한부모가족의 생활 안정과 복지 증진**에 이바지함을 목적으로 한다(제1조).

3. 보호 대상자

이 법의 보호대상자는 **한부모 가정의 구성원** 즉, **세대주**115)**인 모 또는 부와 그에 의하여 양육되는 아동**이다.

출산 후 해당 아동을 양육하지 아니하는 **미혼모**는 미혼모자가족복지시설을 이용할 때에는 이 법에 따른 보호대상자가 된다. 특별한 사유에 해당하는 **아동**과 그 아동을 양육하는 **조부 또는 조모**로서 **여성가족부령으로 정하는 자**는 보호대상자가 된다.116)

---

115) 세대주가 아니더라도 세대원을 사실상 부양하는 자를 포함한다.

116) 2019년 한부모가족의 자녀양육비는 2018년 월 13만원에서 **월 20만원으로 인상**되고, 지원 연령도 만 14세 미만에서 **만 18세 미만으로 확대**된다. 청소년 한부모에게 지원되는 아

국내에 체류하고 있는 **외국인** 중 대한민국 국민과 혼인하여 대한민국 국적의 아동을 양육하고 있는 사람으로서 대통령령으로 정하는 사람이 보호대상자 요건에 해당하면 이 법에 따른 보호대상자가 된다.

4. 복지급여의 실시 및 복지시설의 제공

가. 복지급여의 실시

국가나 지방자치단체는 **복지급여의 신청**이 있으면 **복지급여를 실시**하여야 한다(제12조 제1항 본문).[117]

나. 복지시설의 제공

복지시설은 다음과 같다.

① 모자가족 복지시설, ② 부자가족 복지시설, ③ 미혼모자가족 복지시설, ④ 일시지원 복지시설, ⑤ 한부모가족 복지상담소.

동양육비는 2018년 월 18만원에서 **월 35만원**으로 2배 가까이 늘어난다; 여성가족부고시, 제2018-59호, 2019.1.1.

117) 국민기초생활 보장법 등 다른 법령에 따라 보호를 받고 있는 경우에는 그 범위에서 이 법에 따른 급여를 하지 아니한다(제12조 제1항 단서).

II. 다문화가족지원법

1. 입법 과정

결혼이민자 및 그 자녀 등으로 구성되는 다문화가족은 날로 증가하고 있지만, 이들은 언어 및 문화적 차이로 인하여 사회부적응과 가족구성원 간 갈등 및 자녀교육에 어려움을 겪어 왔다.

이들 다문화가족의 구성원이 우리 사회의 구성원으로 순조롭게 통합되어 안정적인 가족생활을 영위할 수 있도록 하기 위한 가족상담·부부교육·부모교육 및 가족생활교육 등을 추진할 필요성이 제기되었다.

따라서 문화의 차이 등을 고려한 언어통역, 법률상담 및 행정지원 등의 전문적인 서비스를 제공하도록 하는 등 **다문화가족에 대한 지원정책의 제도적인 틀**을 마련하고자 다문화가족지원법을 2008년 3월 21일 제정(법률 제8937호)하여 2008년 9월 22일 시행하였다.

2. 입법 목적

이 법은 **다문화가족 구성원이 안정적인 가족생활**을 영위하고 **사회구성원으로서의 역할과 책임**을 다할 수 있도록 함으로써 이들의 삶의 질 향상과 사회통합에 이바지함을 목적으로 한다(제1조).

3. 보호 대상자

'**다문화가족**' 이란 다음의 어느 하나에 해당하는 가족을 말한다.

① 결혼이민자와 대한민국 국적을 취득한 자로 이루어진 가족, ② 대한민국 국적을 취득한 자와 대한민국 국적을 취득한 자로 이루어진 가족.

4. 보호 내용

여성가족부장관은 다문화가족의 현황 및 실태를 파악하고 다문화가족 지원을 위한 정책수립에 활용하기 위하여 **3년마다 다문화가족에 대한 실태조사**를 실시하고 그 결과를 공표하여야 한다(제4조 제1항).

주요 보호내용은 다음과 같다(제5조~제12조).

① 다문화가족에 대한 이해증진
② 생활정보 제공 및 교육 지원
③ 평등한 가족관계의 유지를 위한 조치
④ 가정폭력 피해자에 대한 보호·지원
⑤ 의료 및 건강관리를 위한 지원
⑥ 아동·청소년 보육·교육
⑦ 다국어에 의한 서비스 제공
⑧ 다문화가족 종합정보 전화센터의 설치·운영 등
⑨ 다문화가족지원센터의 설치·운영 등118)

지원센터의 업무는 다음과 같다(제12조 제4항).

① 다문화가족을 위한 교육·상담 등 지원사업의 실시
② 결혼이민자등에 대한 한국어교육
③ 다문화가족 지원서비스 정보제공 및 홍보
④ 다문화가족 지원 관련 기관·단체와의 서비스 연계
⑤ 일자리에 관한 정보제공 및 일자리의 알선

---

118) 제12조 ① 국가와 지방자치단체는 **다문화가족지원센터**를 설치·운영할 수 있다. ② 국가 또는 지방자치단체는 지원센터의 설치·운영을 대통령령으로 정하는 법인이나 단체에 **위탁**할 수 있다. ③ 국가 또는 지방자치단체 아닌 자가 지원센터를 설치·운영하고자 할 때에는 미리 시·도지사 또는 시장·군수·구청장의 **지정**을 받아야 한다.

⑥ 다문화가족을 위한 통역 · 번역 지원사업
⑦ 그 밖에 다문화가족 지원을 위하여 필요한 사업.

III. 농어촌복지법

1. 입법 과정

세계무역기구의 협상 진전과 자유무역협정(FTA)의
확산에 따른 농산물시장의 개방으로 농어촌의 경
제 · 사회적 어려움이 예상된다.

이에 대비하여 보건의료기반의 조성 및 사회복지
증진에 관한 체계적인 지원책을 마련하여 농어촌주
민의 보건복지증진을 도모할 필요성이 제기되었다.

이러한 요청에 의하여 2004년 1월 29일 **농어촌주
민의 보건복지 증진을 위한 특별법**(다음부터 '농어촌복
지법' 이라 한다)을 제정(법률 제7151호)하여 같은 해 4월
30일 시행하였다.

2. 입법 목적

이 법은 농어촌주민의 보건복지 증진을 위한 시책을 강화하고 이에 관한 국가와 지방자치단체의 책임을 명확히 하며 농어촌에 보건의료 및 사회복지시설을 확충함으로써 농어촌주민의 인간다운 삶을 보장함을 목적으로 한다.

3. 보호의 내용

보건복지부장관은 농어촌의 보건복지 수준에 관한 **실태조사를 5년마다 실시**하여 공표하여야 하고(제6조 제1항), 이를 토대로 관계 중앙행정기관의 장과 협의하여 **농어촌보건복지 기본계획을 5년마다 수립**하여야 한다(제7조 제1항).

농어촌 사회복지의 증진을 위한 내용은 다음과 같다(제19조~제33조).

① 국민기초생활 보장법상 수급권자 선정기준의 특례, ② 자활지원시책의 시행, ③ 사회복지시설의 우선 지원, ④ 영유아의 보육지원 등, ⑤ 아동가정 보호사업의 지원확대, ⑥ 복합노인복지시설의 설치·운영, ⑦ 저소득층 노

인의 요양 지원, ⑧ 한부모가족 지원대상자의 범위에 관한 특례, ⑨ 국민건강보험법에 따른 보험료 지원, ⑩ 부과표준소득의 산정에 관한 특례, ⑪ 보험료 등의 결손처분에 관한 특례, ⑫ 보험료 등 납부기한의 연기, ⑬ 국민연금보험료의 지원, ⑭ 농어촌특별세의 우선 지원, ⑮ 준농어촌에 대한 특례.

Ⅳ. 재해 관련 법률

1. 재해구호법

가. 입법 과정

비상재해가 발생하였을 때에는 재해를 긴급복구하고 이재자를 보호하여 사회질서를 유지하기 위하여 1962년 3월 20일 재해구호법을 제정(법률 제1034호)하여 동일자로 시행하였다.

나. 입법 목적

이 법은 이재민(罹災民)의 구호와 의연금품(義捐金品)의 모집질차 및 사용방법 등에 관하여 필요한 사항을 규정함으로써 이재민 보호와 그 생활안정에 이바지함을 목적으로 한다(제1조).

다. 구호 대상자

이 법에 따른 구호는 다음의 사람을 대상으로 한다(제3조 제1항).

① 이재민, ② 일시대피자, ③ 그 외에 재해로 인한 심리적 안정과 사회적응지원이 필요한 사람으로서 대통령령으로 정하는 사람.[119]

라. 구호 내용

구호의 종류는 다음 각 호와 같다(제4조 제1항).

① 임시주거시설의 제공, ② 급식이나 식품·의류·침구 또는 그 밖의 생활필수품 제공, ③ 의료서비스의 제공, ④ 감염병 예방 및 방역활동, ⑤ 위생지도, ⑥ 장사(葬事)의 지원, ⑦ 심리회복의 지원, ⑧ 그 밖에 대통령령으로 정하는 사항.

---

119) 영 제1조의4(심리적 안정과 사회적응 지원 대상) 법 제3조제3호에서 "대통령령으로 정하는 사람"이란 다음 각 호의 어느 하나에 해당하는 사람을 말한다. 1. 재난을 직접 목격한 사람 2. 재해 현장에서 구호·자원봉사 또는 복구 활동에 참여한 사람 3. 제1호 및 제2호에서 규정한 사람 외에 재해로 인한 심리적 피해 정도 등을 고려하여 행정안전부장관이 고시하는 기준을 갖춘 사람.

2. 의사상자지원법

가. 입법 과정

수난, 화재, 교통사고 및 천재지변 등으로 인한 타인의 생명·신체 또는 재산상의 위해를 구하다가 사망하거나 또는 신체상의 중대한 장해를 입은 자를 국가가 보상할 법적 근거를 마련하기 위하여 1970년 8월 4일 재해구제로 인한 **의사상자구호법**을 제정(법률 제2216호)하여 동일자로 시행하였다.

1990년 12월 31일 개정시 법률의 명칭을 **의사상자보호법**으로 변경하였고, 1996년 12월 30일 개정시 다시 **의사상자예우에 관한 법률**로 변경하였다가, 2007년 8월 3일 개정시 현재와 같이 **의사상자 등 예우 및 지원에 관한 법률**로 변경하였다.

나. 입법 목적

이 법은 직무 외의 행위로 **위해(危害)에 처한 다른 사람의 생명·신체 또는 재산을 구하다가 사망하거나 부상을 입은 사람과 그 유족 또는 가족에** 대하여 그 희생과 피해의 정도 등에 알맞은 예우와 지원을 함으로써 의사상자의 숭고한 뜻을 기리고 사회정의를 실현하는 데에 이바지하는 것을 목적으로 한다(제1조).

다. 보호 대상자

'의사상자(義死傷者)' 란 의사자(義死者)120) 및 의상자(義傷者)121)를 말한다(제2조).

라. 보호의 내용

의사상자에 대한 **보호내용**은 다음과 같으며(제8조~제14조), 의사상자 인정결정을 통보받은 날122)부터 **3년이 지나면 신청할 수 없다**(제18조).

① **보상금,** ② **의료급여,** ③ **교육보호,** ④ **취업보호,**
⑤ **장제보호.**

---

120) '의사자'란 직무 외의 행위로서 구조행위를 하다가 사망 (의상자가 그 부상으로 인하여 사망한 경우를 포함한다)하여 보건복지부장관이 이 법에 따라 의사자로 인정한 사람을 말한다.

121) '의상자'란 직무 외의 행위로서 구조행위를 하다가 대통령령으로 정하는 신체상의 부상을 입어 보건복지부장관이 이 법에 따라 의상자로 인정한 사람을 말한다.

122) 교육보호의 경우 그 통보를 받은 날 당시에 교육보호사유가 없는 경우에는 이후에 교육보호사유가 발생한 날을 말한다.

3. 위안부피해자법

가. 입법 과정

일제하 일본군위안부문제를 보다 적극적으로 해결하고 생활이 어려운 피해자를 국가가 직접 보호·지원하기 위하여 1993년 6월 11일 **일제하 일본군위안부 피해자에 대한 보호·지원 및 기념사업 등에 관한 법률**(다음부터 '위안부피해자법' 이라 한다)을 제정(법률 제4565호)하여 동일자로 시행하였다.

나. 입법 목적

이 법은 일제에 의하여 강제로 동원되어 위안부로서의 생활을 강요당한 **피해자를 보호·지원**하고, 일본군위안부 **피해자의 명예 회복과 진상 규명을 위한 기념사업을 수행**함으로써 이들의 생활 안정과 복지 증진을 꾀하고 국민의 올바른 역사관 정립과 인권 증진에 이바지함을 목적으로 한다(제1조).

다. 보호 내용

특별시장·광역시장·도지사 또는 특별자치도지사

는 **매년** 생활안정지원대상자의 **생활실태를 파악**하여 여성가족부장관에게 보고하여야 한다(제10조 제1항).

국가는 **생활안정지원대상자**에게 다음의 지원을 한 다(제4조 제1항).

① 국민기초생활 보장법에 따른 생계급여, ② 의료급여법에 따른 의료급여, ③ 생활안정지원금의 지급, ④ 간병인 지원, ⑤ 장제비 지원.

일본군위안부 문제를 국내외에 알리고 일본군위안부 피해자를 기리기 위하여 **매년 8월 14일**을 **일본군위안부 피해자 기림의 날**로 한다(제12조의2 제1항).

제5장 사회복지서비스 관련 법제

제 1 절
사회복지서비스의 기본원리

Ⅰ. 공공복지를 보완하는 민간복지

우리나라는 2005년 사회복지 재정을 중앙정부로부터 지방정부에 이양함으로써 재정적 책임과 행정적 책임을 단일화하는 재정분권이 제도화되었다.

따라서 사회복지서비스의 전달체계는 **정책**은 중앙정부에서, **예산**은 지방자치단체에서 분담하는 혼합체계의 형태로 구조화되었다. 실제적인 **서비스 전달**은 지방자치단체의 지원을 받는 민간부문의 비영리 사회복지법인에서 운영하는 사회복지기관에 대부분 위탁되고 있다. 따라서 사회복지서비스는 민간부문의 **공공복지를 보완하는 민간복지의 성격**을 가진다.

사회복지사업법은 사회복지사업에 대하여 **사회복지사업 관련 법률123)**에 따른 보호·선도(善導) 또는

---

123) 모든 사회복지법제가 해당되는 것은 아니며, 주로 민간부문의 지원이 필요한 분야의 법률이며, 국가가 운영주체인 **사회보험법**

복지에 관한 사업과 사회복지상담, 직업지원, 무료 숙
박, 지역사회복지, 의료복지, 재가복지(在家福祉), 사회
복지관 운영, 정신질환자 및 한센병력자의 사회복귀에
관한 사업 등 각종 복지사업과 이와 관련된 자원봉사
활동 및 복지시설의 운영 또는 지원을 목적으로 하는
사업이라고 정의하고 있다(제2조, 영 제1조의2).

II. 공공성의 원리

사회복지법인 및 사회복지시설은 국가나 지방자치
단체가 아닌 **민간단체**가 관리·운영하지만, 사회복지사
업법은 공공성을 가지고 사회복지사업을 시행하는 데
있어서 **공공성을 확보**하도록 하고 있다(제1조의2 제2항).

그리고 사회복지를 필요로 하는 사람은 누구든지
자신의 의사에 따라 서비스를 신청하고 제공받을 수
있다(제1조의2 제1항).

은 제외된다. 구체적인 내용은 <표 3> 참조.

제 2 절

사회복지사업법제

I. 사회복지사업법

1. 입법 과정

해방 후 대부분 국민의 생활이 궁핍하였으나 국가가 지원하는 능력과 체계를 갖추지 못하여, 주로 외국의 원조를 바탕으로 민간이 사회복지서비스를 제공하고 국가가 지원하는 수준에 머물러 왔다.

그러나 1960년대 후반에는 외국의 원조단체마저 철수하고 원조액수도 감소함에 따라, 국가의 지원하에 민간단체가 적극 활동을 하게 되었다.

따라서 자연히 국가가 **민간단체를 관리·감독하고 지원할 필요성**이 제기되어 1970년 1월 1일 사회복지사업법을 제정하였다.

그리고 사회복지 전담 공무원제도는 2017년 10월 24일 개정시 폐지되었다.[124]

2. 입법 목적

이 법은 사회복지사업에 관한 기본적 사항을 규정하여 사회복지를 필요로 하는 사람에 대하여 **인간의 존엄성과 인간다운 생활을 할 권리를 보장**하고 **사회복지의 전문성**을 높이며, **사회복지사업의 공정·투명·적정을 도모**하고, **지역사회복지의 체계를 구축**하고 **사회복지서비스의 질**을 높여 사회복지의 증진에 이바지함을 목적으로 한다(제1조).

국가는 국민의 사회복지에 대한 이해를 증진하고 사회복지사업 종사자의 활동을 장려하기 위하여 **매년 9월 7일을 사회복지의 날**로 하고, 사회복지의 날부터 1주간을 사회복지주간으로 한다(제15조의2 제1항).

3. 사회복지사업의 기본법

사회복지사업의 내용 및 절차 등에 관하여 사회복지사업 관련 법률에 특별한 규정이 있는 경우를 제외하고는

---

124) 제14조(사회복지 전담공무원) ① 사회복지사업에 관한 업무를 담당하게 하기 위하여 시·도, 시·군·구 및 읍·면·동 또는 제15조에 따른 복지사무 전담기구에 사회복지 전담공무원을 둘 수 있다(2017년 10월 24일 삭제).

사회복지사업법에서 정하는 바에 따른다(제3조 제1항). 따라서 앞(P.7 및 229)에서 언급한 사회복지사업 관련 법률을 개정하는 경우에는 이 법에 부합하도록 하여야 한다(제3조 제2항).

4. 사회복지법인

가. 설 립

사회복지법인을 설립하려는 자는 **시·도지사의 허가**를 받아야 하며(제16조 제1항), 허가를 받은 자는 법인의 주된 사무소의 소재지에서 **설립등기**를 하여야 한다(제16조 제2항).

사회복지법인의 설립허가를 받으려는 자는 **법인설립허가신청서**에 정관 등 보건복지부령으로 정하는 서류를 첨부하여 사회복지법인의 주된 사무소의 소재지를 관할하는 시장·군수·구청장을 거쳐 **시·도지사에게 제출**하여야 한다(영 제8조 제1항).

나. 임 원

법인은 대표이사를 포함한 **이사 7명 이상과 감사 2명 이상**을 두어야 한다(제18조 제1항). 이사 또는 감사 중에 결원이 생겼을 때에는 **2개월 이내에 보충**하여야 한다(제20조).

이사의 임기는 3년으로 하고 **감사의 임기는 2년**으로 하며, 각각 연임할 수 있다(제18조 제4항).

다. 재 산

법인은 사회복지사업의 운영에 필요한 재산을 소유하여야 하며(제23조 제1항), 법인의 재산은 보건복지부령으로 정하는 바에 따라 **기본재산과 보통재산으로 구분**하며, 기본재산은 그 목록과 가액(價額)을 정관에 적어야 한다(제23조 제2항).

법인은 목적사업의 경비에 충당하기 위하여 필요할 때에는 법인의 설립 목적 수행에 지장이 없는 범위에서 **수익사업**을 할 수 있다(제28조 제1항). 수익사업에 관한 회계는 **법인의 다른 회계와 구분**하여 회계처리하여야 한다(제28조 제3항).

해산한 법인의 남은 재산은 정관으로 정하는 바에 따라 **국가 또는 지방자치단체에 귀속**된다(제27조 제1항). 이 경우 국가 또는 지방자치단체에 귀속된 재산은 사회복지사업에 사용하거나 유사한 목적을 가진 법인에 무상으로 대여하거나 무상으로 사용·수익하게 할 수 있다(제27조 제2항 본문).

5. 사회복지사

보건복지부장관은 사회복지에 관한 전문지식과 기술을 가진 사람에게 사회복지사 자격증을 발급할 수 있으며(제11조 제1항), 사회복지사 자격증을 발급받거나 재발급 받으려는 사람에게 보건복지부령으로 정하는 바에 따라 수수료를 내게 할 수 있다(제11조 제4항).

사회복지사의 등급은 **1급·2급·3급**으로 하고 등급별 자격기준 및 자격증의 발급절차 등은 대통령령으로 정한다(제11조 제2항). 사회복지사 1급 자격증을 받으려는 사람은 국가시험에 합격하여야 하며(제11조 제3항), 시험과목은 아래와 같다.

〈표 31〉　　　사회복지사 국가시험 과목

순번	과목명	내 용
1	사회복지기초	인간행동과 사회환경 및 사회복지조사론
2	사회복지실천	사회복지실천론·사회복지실천기술론 및 지역사회복지론
3	사회복지정책과 제도	사회복지정책론·사회복지행정론 및 사회복지법제론

사회복지사가 국민의 일상생활에 미치는 영향이 증대하고 있어 일정한 자에게는 아예 자격을 받을 수 없도록 하고(제11조의2), 업무수행상 문제가 있는 경우에는 그 **자격을 1년의 범위에서 정지**시킬 수 있을 뿐만 아니라(제11조의3 제1항), 부정한 방법으로 취득하는 등의 경우에는 그 **자격을 취소**하도록 하였다(제11조의3 제1항). 사회복지사의 복지증진을 도모하기 위하여 **한국사회복지사협회**를 설립한다(제46조 제1항).

사회복지법인에 종사하는 사회복지사는 정기적으로 인권에 관한 내용이 포함된 **보수교육(補修敎育)**을 받아야 한다(제13조 제2항 단서).

6. 사회복지서비스의 실시

가. 사회복지서비스의 신청

'**사회복지서비스**'란 국가·지방자치단체 및 민간부문의 도움을 필요로 하는 모든 국민에게 사회보장기본법에 따른 **사회서비스**(제3조 제4호)125) 중 사회복지

---

125) 이는 국가·지방자치단체 및 민간부문의 도움이 필요한 모든 국

사업을 통한 서비스를 제공하여 삶의 질이 향상되도록 제도적으로 지원하는 것을 말한다(제2조 제6호).

사회복지서비스를 필요로 하는 사람(다음부터 '보호대상자'라 한다)과 **그 친족, 그 밖의 관계인**은 관할 시장·군수·구청장에게 보호대상자에 대한 사회복지서비스의 제공(다음부터 '서비스 제공'이라 한다)을 신청할 수 있다(제33조의2 제1항).

나. 서비스의 제공

서비스 제공은 보호대상자별 서비스 제공계획에 따라 실시하여야 하지만(제33조의6 제1항), 긴급히 서비스 제공을 실시할 필요가 있는 경우 등 보건복지부장관이 인정하는 경우에는 이 법 이 장의 규정에 따른 절차의 일부를 생략할 수 있다(제33조의6 제2항).

보호대상자에 대한 서비스 제공은 **현물(現物)로 제공하는 것을 원칙**으로 하지만(제33조의7 제1항), 국가 또는 지방자치단체 외의 자로 하여금 서비스 제공을 실시하게

민에게 복지, 보건의료, 교육, 고용, 주거, 문화, 환경 등의 분야에서 인간다운 생활을 보장하고 상담, 재활, 돌봄, 정보의 제공, 관련 시설의 이용, 역량 개발, 사회참여 지원 등을 통하여 국민의 삶의 질이 향상되도록 지원하는 제도를 말한다.

하는 경우에는 보호대상자에게 **사회복지서비스 이용권**
(다음부터 '이용권'이라 한다)을 지급하여 국가 또는 지방자
치단체 외의 자로부터 그 이용권으로 서비스 제공을 받
게 할 수 있다(제33조의7 제2항).

7. 사회복지시설

가. 사회복지시설의 설치

국가나 지방자치단체는 사회복지시설(다음부터 '시
설'이라 한다)을 설치·운영할 수 있다(제34조 제1항). **국가 또
는 지방자치단체 외의 자**가 시설을 설치·운영하려는
경우에는 보건복지부령으로 정하는 바에 따라 시장·군
수·구청장에게 신고하여야 한다.

나. 사회복지시설의 운영방법

시설의 운영자는 손해배상책임을 이행하기 위하여
**손해보험회사의 책임보험에 가입하거나 한국사회복지공
제회의 책임공제에 가입**하여야 한다(제34조의3 제1항).

시설의 장은 시설에 대하여 **정기 및 수시 안전점검**을
실시하여야 하고(제34조의4 제1항), 그 결과를 시장·군수·

구청장에게 제출하여야 한다(제34조의4 제2항). 그리고 **아무런 대가 없이 무상으로 받은 금품이나 그 밖의 자산**의 수입·지출 내용을 공개하여야 하며 그 관리에 명확성이 확보되도록 하여야 한다(제45조 제1항).

다. 사회복지시설의 운영 담당자

시설의 장은 상근(常勤)하여야 하며(제35조 제1항), 일정한 결격요건이 있다(제35조 제2항). 시장·군수·구청장은 시설 운영이 중단되거나 시설이 폐지되는 경우에는 보건복지부령으로 정하는 바에 따라 **시설 거주자의 권익을 보호하기 위한 조치**를 하여야 한다(제38조 제3항). 사회복지시설에 종사하는 사회복지사는 정기적으로 인권에 관한 내용이 포함된 **보수교육(補修敎育)**을 받아야 한다(제13조 제2항 단서).

라. 시설에 대한 관리 및 감독

보건복지부장관은 시설에서 제공하는 **서비스의 최저기준**을 마련하여야 한다(제43조 제1항). 시설 운영자는 서비스 최저기준 이상으로 서비스 수준을 유지하여야 한다(제43조 제2항).

8. 재가복지 서비스

가. 재가복지서비스의 내용

국가나 지방자치단체는 보호대상자에게 재가복지서비스를 제공받도록 할 수 있다(제41조의2 제1항).

시장·군수·구청장은 보호대상자별 서비스 제공 계획에 따라 보호대상자에게 사회복지서비스를 제공하는 경우 **시설 입소에 우선하여 재가복지서비스를 제공**하도록 하여야 한다(제41조의2 제2항).

나. 보호자에 대한 지원 등

국가나 지방자치단체는 서비스 제공이 결정된 보호대상자를 자신의 가정에서 돌보는 사람에 대하여 보건복지부령으로 정하는 바에 따라 그 보호자의 부담을 줄이기 위한 상담을 실시하거나 **금전적 지원 등**을 할 수 있다(제41조의3).

II. 사회복지사법

1. 입법 과정

사회복지법인 등에 종사하는 사회복지사 등은 지역단위의 사회복지서비스 전달체계의 주요한 구성요소임에도 열악한 근로환경, 낮은 임금 수준, 과중한 업무량으로 높은 이직률을 보이고 있어 사회복지서비스 제공의 지속성과 전문성을 위협함은 물론 사회복지 역량을 극대화하는데 장애가 되어 왔다.

따라서 국가와 지방자치단체에게 사회복지사 등의 처우와 지위 향상을 위하여 지속적이고 적극적으로 **노력할 책무**를 부여하고, 사회복지사 등의 생활 안정과 복지증진을 도모하기 위하여 **사회복지공제회**를 설립하여 운영하도록 함으로써, 사회복지사 등의 처우를 개신하고 궁극적으로 국민의 복지를 증진하기 위하여 2011년 3월 30일 **사회복지사 등의 처우 및 지위 향상을 위한 법률**(다음부터 '사회복지사법' 이라 한다)을 제정(법률 제10511호)하여 2012년 1월 1일 시행하였다.

2. 입법 목적

이 법은 사회복지사 등126)에 대한 처우를 개선하고 신분보장을 강화하여, 사회복지사 등의 지위를 향상하도록 함으로써 사회복지 증진에 이바지하는 것을 목적으로 한다(제1조).

3. 처우개선과 신분보장

가. 국가와 지방자치단체의 책무

국가와 지방자치단체는 사회복지사 등의 처우를 개선하고 복지를 증진함과 아울러 그 지위 향상을 위하여 적극적으로 노력하여야 하고(제3조 제1항), 사회복지사 등의 보수가 사회복지전담공무원의 보수수준에 도달하도록 노력하여야 한다(제3조 제2항).

---

126) 이 법에서 '사회복지사 등'이란 다음의 어느 하나에 해당하는 법인 등(다음부터 '사회복지법인 등'이라 한다)에서 사회복지사업에 종사하는 자를 말한다. ① 사회복지사업법 제16조에 따라 사회복지사업을 행할 목적으로 설립된 사회복지법인, ② 사회복지사업법 제2조에 따라 사회복지사업을 행할 목적으로 설치된 사회복지시설, ③ 그 밖에 대통령령으로 정하는 사회복지 관련 단체 또는 기관.

나. 신고로 인한 불이익 금지

사회복지사 등은 **사회복지법인 등의 운영과 관련된 위법·부당 행위 및 그 밖의 비리 사실** 등을 관계 행정기관과 수사기관에 신고하는 행위로 인하여 징계 조치 등 신분상 불이익이나 근무조건상 차별을 받지 아니한다(제3조 제4항).

4. 한국사회복지공제회

가. 공제회의 설립

사회복지사 등은 생활안정과 복지증진을 도모하기 위하여 보건복지부장관의 인가를 받아 **한국사회복지공제회**(다음부터 '공제회' 라 한다)를 설립할 수 있다(제4조 제1항). 공제회는 법인으로 하고,[127] 주된 사무소는 서울특별시에 둔다(제4조 제2항).

공제회의 회원은 사회복지사업에 종사하는 자 중 일정한 자격에 해당하는 사람[128]으로 한다(제4조의3 제1항).

---

127) 따라서 공제회에 대하여는 이 법에서 규정된 것 외에는 민법 중 사단법인에 관한 규정을 준용한다(제9조 제2항).

나. 공제회의 운영

공제회는 의결기관으로서 **대의원회와 이사회**를 두고, 집행기관으로서 이사장과 이사를 두며, 감사기관으로서 감사를 둔다(제5조 제1항).

공제회는 주된 사업(제6조 제1항) 외에도 그 목적을 달성하기 위하여 필요한 범위에서 수익사업을 할 수 있다(제6조 제2항).

다. 행정조치 등

보건복지부장관은 공제회의 운영상 발생한 문제에 대하여 기간을 정하여 **운영 및 업무의 시정, 그 밖에 필요한 조치**를 명할 수 있다(제9조 제1항).

---

128) ① 사회복지사업법에 따른 사회복지사 ② 법인 및 시설 등에 종사하는 사람 ③ 민법 또는 다른 법률에 따라 설립된 법인 등에서 사회복지 관련 업무에 종사하는 자 중 대통령령으로 정하는 사람 ④ 그 밖에 공제회 정관으로 정하는 사람.

제 3 절

사회복지서비스 법제

I. 출산 · 양육 · 건강 관련 법률

1. 저출산·고령사회기본법

가. 입법 과정

저출산·고령화 현상이 심각한 사회문제로 대두되어 **자녀의 출산 및 양육**이 원활하게 이루어지고 **노인**이 중요한 사회적 행위자로서 건강하고 활력있는 사회생활을 할 수 있도록 2005년 5월 18일 **저출산·고령사회기본법**을 제정(법률 제7496호)하여 같은 해 9월 1일부터 시행하였다.

나. 입법 목적

이 법은 저출산 및 인구의 고령화에 따른 변화에 대응하는 **저출산 · 고령사회정책의 기본방향과 그 수**

립 및 추진체계에 관한 사항을 규정함으로써 국가의 경쟁력을 높이고 국민의 삶의 질 향상과 국가의 지속적인 발전에 이바지함을 목적으로 한다(제1조).

다. 저출산 대책

국가 및 지방자치단체는 다음과 같은 정책을 수립·시행하여야 한다(제7조~제10조).

① 인구정책, ② 인구교육, ③ 자녀의 출산과 보육 등, ④ 모자보건의 증진 등, ⑤ 경제적 부담의 경감.

라. 고령사회정책

국가 및 지방자치단체는 다음과 같은 정책을 수립·시행하여야 한다(제11조~제19조).

① 고용과 소득보장, ② 건강증진과 의료제공, ③ 생활환경과 안전보장, ④ 여가·문화 및 사회활동의 장려평생교육과 정보화, ⑤ 노후설계, ⑥ 취약계층노인 등, ⑦ 가족관계와 세대간 이해증진, ⑧ 경제와 산업 등, ⑨ 고령친화적 산업의 육성.

2. 건강가정기본법

가. 입법 과정

건강가정을 구현하고, 사회통합에 기여하기 위하

여 2004년 2월 9일 **건강가정기본법**을 제정(법률 제7166호)하여 2005년 1월 1일 일부터 시행하였다.

나. 입법 목적

이 법은 **건강한 가정생활의 영위와 가족의 유지 및 발전**을 위한 국민의 권리·의무와 국가 및 지방자치단체 등의 책임을 명백히 하고, 가정문제의 적절한 해결방안을 강구하며 가족구성원의 복지증진에 이바지할 수 있는 지원정책을 강화함으로써 건강가정 구현에 기여하는 것을 목적으로 한다(제1조).

다. 건강가정지원센터의 설치

국가 및 지방자치단체는 가정문제의 예방·상담 및 치료, 건강가정의 유지를 위한 프로그램의 개발, 가족문화운동의 전개, 가정관련 정보 및 자료제공 등을 위하여 건강가정지원센터를 설치·운영하여야 한다(제35조 제1항).

라. 건강가정사

센터에는 건강가정사업을 수행하기 위하여 판련분야에 대한 학식과 경험을 가진 전문가(다음부터 '건강가정사' 라 한다)를 두어야 한다(제35조 제2항).

건강가정사의 직무는 다음과 같다(영 제4조).

① 가정문제의 예방·상담 및 개선, ② 건강가정의 유지를 위한 프로그램의 개발, ③ 건강가정 실현을 위한 교육, ④ 가정생활문화운동의 전개, ⑤ 가정 관련 정보 및 자료 제공, ⑥ 가정에 대한 방문 및 실태 파악, ⑦ 아동보호전문기관 등 지역사회자원과의 연계, ⑧ 그 밖에 건강가정사업과 관련하여 여성가족부장관이 정하는 활동.

3. 정신건강복지법

가. 입법 과정

최근 생활환경의 급격한 변화로 인하여 정신질환자가 증가함에 따라 정신질환을 예방하고 정신질환자에 대한 효율적인 의료 및 사회복귀를 위하여 1995년 12월 30일 **정신건강증진 및 정신질환자 복지서비스 지원에 관한 법률**(다음부터 '정신건강복지법' 이라 한다)을 제정(법률 제5133호)하여 1996년 12월 31일 시행하였다.

나. 입법 목적

이 법은 정신질환의 예방·치료, 정신질환자의 재활·복지·권리보장과 정신건강 친화적인 환경 조성에 필요한 사항을 규정함으로써 **국민의 정신건강증진 및 정신질환자의 인간다운 삶**을 영위하는 데 이바지 함을 목적으로 한다(제1조).

다. 국가계획의 수립 등

보건복지부장관은 관계 행정기관의 장과 협의하여 **5년마다** 정신건강증진 및 정신질환자 복지서비스 지원에 관한 국가의 **기본계획을 수립**하여야 하고(제7조 제1항), **5년마다 실태조사**를 하여야 한다(제10조 제1항).

누구든지 응급입원의 경우를 제외하고는 **정신건강 의학과전문의의 대면 진단**129)에 의하지 아니하고 정신질환자를 정신의료기관등에 입원등을 시키거나 입원등의 기간을 연장할 수 없다(제68조 제1항).

4. 입양특례법

가. 입법 과정

보호시설에 수용되어 있는 불우아동의 입양절차를 간소화하고 양자로 된 자는 양친의 성과 본을 따르

---

129) 진단의 유효기간은 진단서 발급일부터 30일까지로 한다 (제68조 제2항).

게 하는 등 민법에 대한 특례를 정하는 동시에 **고아입양특례법**에 의한 국외입양의 추진에 있어서의 미비점을 보완하여 이를 **이 법에 흡수·규정**함으로써 당해 불우아동의 국내외 입양을 촉진하고, 양자로 되는 자의 안전과 복리증진을 도모하기 위하여 1976년 12월 31일 **입양특례법**을 제정(법률 제2977호)하여 1977년 1월 31일 시행하였다.

나. 입법 목적

이 법은 요보호아동의 **입양(入養)에 관한 요건 및 절차** 등에 대한 특례와 **지원**에 필요한 사항을 정함으로써 양자(養子)가 되는 아동의 권익과 복지를 증진하는 것을 목적으로 한다(제1조).

다. 입양의 날

건전한 입양문화의 정착과 국내입양의 활성화를 위하여 **5월 11일을 입양의 날**로 하고, 입양의 날부터 1주일을 입양주간으로 한다(제5조 제1항).

라. 양자가 될 자격

양자가 될 사람은 **요보호아동**으로서 다음의 어느 하나에 해당하는 사람이어야 한다(제9조 제1항).

① 보호자로부터 이탈된 사람으로서 특별시장·광역시장·도지사 및 특별자치도지사 또는 시장·군수·구청장이 부양의무자를 확인할 수 없어 국민기초생활 보장법에 따른 보장시설에 보호의뢰한 사람

② 부모130) 또는 후견인이 입양에 동의하여 보장시설 또는 입양기관에 보호의뢰한 사람

③ 법원에 의하여 친권상실의 선고를 받은 사람의 자녀로서 시·도지사 또는 시장·군수·구청장이 보장시설에 보호의뢰한 사람

④ 그 밖에 부양의무자를 알 수 없는 경우로서 시·도지사 또는 시장·군수·구청장이 보장시설에 보호의뢰한 사람.

마. 양친이 될 자격 등

양친이 될 사람은 다음의 요건을 모두 갖추어야 한다(제10조 제1항).

① 양자를 부양하기에 충분한 재산이 있을 것

② 양자에 대하여 종교의 자유를 인정하고 사회의 구성원으로서 그에 상응하는 양육과 교육을 할 수 있을 것

③ 양친이 될 사람이 아동학대·가정폭력·성폭력·마약 등의 범죄나 알코올 등 약물중독의 경력이 없을 것

④ 양친이 될 사람이 대한민국 국민이 아닌 경우 해당 국가의 법에 따라 양친이 될 수 있는 자격이 있을 것

---

130) 부모가 사망이나 그 밖의 사유로 동의할 수 없는 경우에는 다른 직계존속을 말한다.

⑤ 그 밖에 양자가 될 사람의 복지를 위하여 보건복지부령으로 정하는 필요한 요건을 갖출 것.

바. 입양의 절차

아동을 입양하려는 경우에는 **가정법원의 허가**를 받아야 한다(제11조 제1항).

아동을 양자로 하려면 **친생부모의 동의**를 받아야 한다(제12조 제1항).[131] **13세 이상**인 아동을 입양하고자 할 때에는 동의권자의 동의 외에 **입양될 아동의 동의**를 받아야 한다(제12조 제4항).

사. 입양의 효과

이 법에 따른 입양은 **가정법원의 인용심판 확정으로 효력이 발생**하고,[132] 양친 또는 양자는 가정법원의 허가서를 첨부하여 **가족관계의 등록 등에 관한 법률**에서 정하는 바에 따라 신고하여야 한다(제15조).

---

131) ① 친생부모가 친권상실의 선고를 받은 경우 또는 ② 친생부모의 소재불명 등의 사유로 동의를 받을 수 없는 경우에는 경우에는 **후견인의 동의**를 받아야 한다.

132) 이 법에 따라 입양된 아동은 **민법상 친양자와 동일한 지위**를 가진다(제14조).

II. 폭력 방지 관련 법률

1. 여성폭력방지기본법

가. 입법 과정

그동안 국가는 여성에 대한 폭력에 대해 가급적 개입하지 않고 가해자와 피해자에게 필요한 조치를 취하지 않아왔다.

그러나 최근 가정폭력, 성폭력, 성매매, 성희롱, 지속적인 괴롭힘 행위와 그 밖에 친밀한 관계에서 발생하는 데이트폭력, 디지털폭력, 묻지마 폭력 등 여성에 대한 각종 범죄로 많은 여성이 일상생활에서 불안감을 느끼고 되어 2018년 12월 24일 **여성폭력방지기본법**을 제정하였다(법률 제16086호).[133]

나. 입법 목적

이 법은 **여성폭력방지와 피해자 보호·지원에** 관

___
133) 시행일: 2019. 12. 25.

한 국가 및 지방자치단체의 책임을 명백히 하고, 여성폭력방지정책의 종합적·체계적 추진을 위한 기본적인 사항을 규정함으로써 개인의 존엄과 인권 증진에 이바지함을 목적으로 한다(제1조).

다. 여성폭력의 정의

여성폭력은 성별에 기반한 여성에 대한 폭력으로 신체적·정신적 안녕과 안전할 수 있는 권리 등을 침해하는 행위로서 관계 법률에서 정하는 바에 따른 가정폭력, 성폭력, 성매매, 성희롱, 지속적 괴롭힘 행위와 그 밖에 친밀한 관계에 의한 폭력, 정보통신망을 이용한 폭력 등을 말한다(제3조).

라. 기본계획의 수립과 실태조사

여성가족부장관은 여성폭력방지정책의 추진방향과 기본목표 등이 포함된 여성폭력방지 및 피해자 보호·지원정책 **기본계획을 5년마다 수립**하여야 하고(제7조), 관계 법률에 따른 성폭력, 가정폭력, 성매매, 성희롱 실태조사에서 누락된 여성폭력에 관하여 **여성폭력실태조사를 3년마다 실시**하여야 한다(제12조 제2항).

마. 피해자 보호·지원

국가와 지방자치단체는 피해자에 대한 상담, 의료 제공, 구조금 지급, 법률구조, 취업 관련 지원, 주거지원, 취학 지원 및 그 밖에 피해자의 보호, 회복, 자립·자활에 **필요한 시책**을 마련하여야 하고, 피해자 **보호·지원을 위한 시설을 직접 설치·운영**할 수 있고, 국가 또는 지방자치단체 외의 자가 관계 법률에 따라 시설을 설치·운영할 경우 **행정적·재정적 지원**을 할 수 있다(제15조 제1항 및 제2항).

2. 가정폭력방지법

가. 입법 과정

가정내의 폭력으로 인하여 가정이 파산되고 가정 구성원이 신체적·정신적 피해를 당하고 있어 가정폭력을 예방하고 가정폭력으로 인한 피해자를 보호함으로써 건전한 가정을 육성하기 위하여 1997년 12월 31일 **가정폭력방지 및 피해자보호 등에 관한 법률**(다음부터 '가정폭력방지법'이라 한다)을 제정(법률 제5487호)하여 1998년 7월 1일 시행하였다.

나. 입법 목적

이 법은 **가정폭력을 예방하고 가정폭력의 피해자를 보호 · 지원**함을 목적으로 한다(제1조).

다. 국가 등의 책무

국가와 지방자치단체는 가정폭력의 예방 · 방지와 피해자의 보호 · 지원을 위하여 다음의 조치를 취하여야 한다(제4조 제1항).

① 가정폭력 신고체계의 구축 및 운영

② 가정폭력의 예방과 방지를 위한 조사 · 연구 · 교육 및 홍보

③ 피해자를 보호 · 지원하기 위한 시설의 설치 · 운영

④ 임대주택의 우선 입주권 부여, 직업훈련 등 자립 · 자활을 위한 지원서비스 제공

⑤ 법률구조 및 그 밖에 피해자에 대한 지원서비스 제공

⑥ 피해자의 보호와 지원을 원활히 하기 위한 관련 기관 간의 협력 체계 구축 및 운영

⑦ 가정폭력의 예방 · 방지와 피해자의 보호 · 지원을 위한 관계 법령의 정비와 각종 정책의 수립 · 시행 및 평가

⑧ 피해자와 긴급전화센터, 가정폭력 관련 상담소, 가정폭력 피해자 보호시설의 상담원 등 종사자의 신변보호를 위한 안전 대책 마련

⑨ 가정폭력 피해의 특성을 고려한 피해자 신변노출 방지 및 보호 · 지원체계 구축.

여성가족부장관은 **3년마다 가정폭력에 대한 실태조사를 실시**하여 그 결과를 발표하고, 이를 가정폭력을 예방하기 위한 정책수립의 기초자료로 활용하여야 한다(제4조의2 제1항).

3. 성폭력방지법

가. 입법 과정

① 각종 성폭력범죄가 점차 흉폭화·집단화·지능화·저연령화되고 있을 뿐만 아니라 전화·컴퓨터를 이용한 음란행위 등 새로운 유형의 성폭력범죄가 빈발하여 기존의 법체계로는 적절히 대처하기 어려우므로 **성폭력범죄에 대한 처벌규정**을 신설 또는 강화하고 **성폭력범죄에 대하여는 수사·재판등 사법처리절차에 있어서 특례**를 인정하도록 하며 성폭력피해상담소 및 성폭력피해자보호시설을 설치·운영하도록 함으로써 특히 여성과 미성년자를 성폭력범죄의 위협으로부터 보호하고 건진한 사회질서를 확립하기 위하여 **성폭력범죄의 처벌 및 피해자보호등에 관한 법률**(다음부터 '**성폭력처벌 및 피해자보호법**' 이라 한다)을 1994년 1월 5일 제정(법률 제4702호)하여 1994년 4월 1일 시행하였다.

② 이 법은 **성폭력범죄의 처벌** 등에 관한 특례와 **성폭력범죄의 피해자 보호** 등에 관한 사항을 함께 규정하고 있어 각 사항에 대한 효율적 대처에 한계가 있었다.

③ 따라서 **성폭력범죄의 처벌**에 관한 사항과 **성폭력피해자 보호·지원**에 관한 사항을 분리하기로 하여 **성폭력방지 및 피해자보호 등에 관한 법률**(다음부터 '**성폭력피해자보호법**' 이라 한다)을 2010년 4월 15일 제정(법률 제10261호)하여 2011년 1월 1일 시행하였다.

〈표 32〉　　　　성폭력처벌 및 피해자보호법의 분리

통합 입법(1994년)	분리 입법(2010년)
성폭력처벌 및 피해자보호법	성폭력처벌법
	성폭력피해자보호법

나. 입법 목적

이 법은 성폭력을 예방하고 **성폭력피해자를 보호·지원**함으로써 인권증진에 이바지함을 목적으로 한다 (제1조).

다. 성폭력 실태조사

여성가족부장관은 성폭력의 실태를 파악하고 성폭력 방지에 관한 정책을 수립하기 위하여 **3년마다 성폭력 실태조사**를 하고 그 결과를 발표하여야 한다(제4조 제1항).

라. 상담소 등의 운영

국가 또는 지방자치단체는 ① **성폭력피해상담소**(제10조 제1항),[134] ② **성폭력피해자보호시설**(제12조 제1항),[135] ③ **성폭력피해자통합지원센터**(제18조 제1항)[136]를 설치·운영할 수 있다.

---

134) **국가 또는 지방자치단체 외의 자가** 상담소를 설치·운영하려면 특별자치시장·특별자치도지사 또는 시장·군수·구청장(자치구의 구청장을 말한다. 다음부터 같다)에게 **신고**하여야 한다(제10조 제2항).

135) 「사회복지사업법」에 따른 사회복지법인이나 그 밖의 비영리법인은 특별자치시장·특별자치도지사 또는 시장·군수·구청장의 **인가**를 받아 보호시설을 설치·운영할 수 있다(제12조 제2항).

136) 국가와 지방자치단체는 대통령령으로 정하는 기관 또는 단체로 하여금 통합지원센터를 설치·운영하게 할 수 있다(제18조 제2항).

4. 성폭력처벌법

가. 입법 과정

위에서 본 바와 같이 1994년 1월 5일 제정된 **성폭력처벌 및 피해자보호법은** 성폭력범죄의 처벌 등에 관한 특례와 성폭력범죄의 피해자 보호 등에 관한 사항을 함께 규정하고 있어 효율적으로 대처하지 못하는 문제가 발생하여 **성폭력범죄의 처벌 등에 관한 특례법**(다음부터 '**성폭력처벌법**' 이라 한다)을 2010년 4월 15일 제정(법률 제10258호)하여 같은 날 시행하였다.

나. 입법 목적

이 법은 **성폭력범죄의 처벌 및 그 절차**에 관한 특례를 규정함으로써 성폭력범죄 피해자의 생명과 신체의 안전을 보장하고 건강한 사회질서의 확립에 이바지함을 목적으로 한다(제1조).

다. 2018년 개정내용

이 법은 2018년 12월 18일 개정시, **자의에 의해 스스로 자신의 신체를 촬영한 촬영물**을 촬영대상자의

의사에 반하여 유포한 경우에도 처벌하도록 하였다.[137]

입법 배경은 다음과 같다. 그 동안 성적 욕망 또는 수치심을 유발할 수 있는 다른 사람의 신체를 그 의사에 반하여 촬영하거나 그 촬영물을 유포한 경우 카메라 등을 이용한 촬영죄 등으로 처벌하였다.

그러나 **자의에 의해 스스로 자신을 신체를 촬영한 촬영물이 촬영당사자의 의사에 반하여 유포된 경우**에는 다른 사람의 신체를 촬영한 촬영물이 아니라는 이유로 이 법 제14조로 처벌할 수 없고 그보다 형이

---

137) 제14조(카메라 등을 이용한 촬영) ① 카메라나 그 밖에 이와 유사한 기능을 갖춘 기계장치를 이용하여 성적 욕망 또는 수치심을 유발할 수 있는 사람의 신체를 **촬영대상자의 의사에 반하여 촬영한 자**는 5년 이하의 징역 또는 3천만원 이하의 벌금에 처한다. ② 제1항에 따른 촬영물 또는 복제물(복제물의 복제물을 포함한다.)을 반포·판매·임대·제공 또는 공공연하게 전시·상영(다음부터 '반포등'이라 한다)한 자 또는 제1항의 촬영이 **촬영 당시에는 촬영대상자의 의사에 반하지 아니한 경우에도** 사후에 그 촬영물 또는 복제물을 촬영대상자의 의사에 반하여 반포등을 한 자는 5년 이하의 징역 또는 3천만원 이하의 벌금에 처한다. ③ **영리를 목적으로** 촬영대상자의 의사에 반하여 「정보통신망 이용촉진 및 정보보호 등에 관한 법률」 제2조 제1항 제1호의 정보통신망(다음부터 '정보통신망'이라 한다)을 이용하여 제2항의 죄를 범한 자는 7년 이하의 징역에 처한다.

낮은 음화반포죄 등으로만 처벌이 가능하여 죄질이나 불법의 중대성 등에 비하여 적절한 처벌이 이루어지지 않고 있다는 문제가 제기되었다.

따라서 **자의에 의해 스스로 자신의 신체를 촬영한 촬영물을 촬영대상자의 의사에 반하여 유포한 경우**에도 처벌하도록 하였다.

그리고 카메라 등을 이용한 촬영죄의 벌금형을 현행 1천만원 이하에서 3천만원 이하로 상향하고, 유포의 객체에 **사람의 신체를 촬영한 촬영물 외에 복제물(복제물의 복제물을 포함한다)을 추가**하며, 촬영대상자의 의사에 반하여 유포된 이상 촬영에 대한 동의 유무가 그 피해에 본질적인 차이를 가져온다고 볼 수 없으므로, 촬영 당시에는 촬영대상자의 의사에 반하지 아니하여도 사후에 그 의사에 반하여 유포되는 경우 촬영 당시 촬영대상자의 의사에 반하여 촬영된 촬영물을 유포하는 경우와 동일하게 처벌하도록 하였다.

한편, **영리를 목적으로** 촬영대상자의 의사에 반하여 정보통신망을 이용하여 촬영물 또는 복제물을 유포한 경우에는 법정형에서 벌금형을 삭제함으로써 처벌을 강화하였다.

5. 성매매피해자보호법

가. 입법 과정

성매매된 자 및 성을 파는 행위를 한 자의 사회복귀를 돕기 위하여 지원시설 및 상담소의 설치 및 운영을 활성화하고, 이용자의 의사에 따라 지원시설 및 상담소에서 제공하는 의료지원·취업교육 및 법률지원 등을 자유롭게 이용할 수 있도록 하여 원활한 사회복귀와 성매매행위의 재발을 방지하기 위하여 2004년 3월 22일 **성매매방지 및 피해자보호 등에 관한 법률**(다음부터 '성매매피해자보호법'이라 한다)**을 제정**(법률 제7212호)하여 2004년 9월 23일 시행하였다.

나. 입법 목적

이 법은 성매매를 방지하고, 성매매피해자 및 성을 파는 행위를 한 사람의 보호, 피해회복 및 자립·자활을 지원하는 것을 목적으로 한다(제1조).

다. 지원시설의 종류

성매매피해자등을 위한 **지원시설의 종류**는 다음

과 같다(제9조 제1항).

① 일반 지원시설,[138) ② 청소년 지원시설,[139) ③ 외국인
지원시설,[140) ④ 자립지원 공동생활시설.[141)

III. 봉사 및 기부활동 관련 법률

1. 자원봉사활동 기본법

가. 입법 과정

시민사회의 성숙에 따라 자원봉사활동[142)이 사회

---

138) 성매매피해자등을 대상으로 1년의 범위에서 숙식을 제공
하고 자립을 지원하는 시설.

139) 19세 미만의 성매매피해자등을 대상으로 19세가 될 때까
지 숙식을 제공하고, 취학·교육 등을 통하여 자립을 지원하
는 시설.

140) 외국인 성매매피해자등을 대상으로 3개월(「성매매알선
등 행위의 처벌에 관한 법률」 제11조에 해당하는 경우에는
그 해당 기간)의 범위에서 숙식을 제공하고, 귀국을 지원하
는 시설.

141) 성매매피해자등을 대상으로 2년의 범위에서 숙박 등의 편
의를 제공하고, 자립을 지원하는 시설.

142) '자원봉사활동'이란 개인 또는 단체가 지역사회·국가 및

각 분야에 널리 확대되고 있으나 이에 대한 국가적 차원에서의 체계적인 지원이 미흡하여 2005년 8월 4일 **자원봉사활동 기본법**을 제정(법률 제7669호)하여 2006년 2월 5일부터 시행하였다.

나. 입법 목적

이 법은 자원봉사활동에 관한 기본적인 사항을 규정함으로써 **자원봉사활동을 진흥하고 행복한 공동체 건설에 이바지함**을 목적으로 한다(제1조).

다. 정책의 기본 방향

자원봉사활동은 **무보수성, 자발성, 공익성, 비영리성, 비정파성(非政派性), 비종파성(非宗派性)의 원칙** 아래 수행될 수 있도록 하여야 한다(제2조 제2호).

모든 국민은 **나이, 성별, 장애, 지역, 학력 등 사회적 배경에 관계없이 누구든지** 자원봉사활동에 참여할 수 있도록 하여야 한다(제2조 제3호).

인류사회를 위하여 대가 없이 자발적으로 시간과 노력을 제공하는 행위를 말한다.

2. 사회복지공동모금회법

가. 입법 과정

정부 주도의 성금모금 및 관리·운영을 지양하고 **민간단체가 이웃돕기성금을 직접 모금·배분 및 관리**하도록 함으로써 이웃돕기운동의 자율성을 보장하며 민간의 참여를 활성화하기 위하여 1997년 3월 27일 사회복지공동모금회법을 제정(법률 제5317호)하여 1998년 7월 1일 시행하였다.

나. 입법 목적

이 법은 사회복지공동모금회의 **공동모금**을 통하여 국민이 사회복지를 이해하고 참여하도록 함과 아울러 국민의 **자발적인 성금**으로 조성된 재원(財源)을 효율적이고 공정하게 관리·운용함으로써 사회복지 증진에 이바지함을 목적으로 한다(제1조).

다. 기본 원칙

기부하는 자의 의사에 반하여 기부금품을 모집하여서는 아니 된다(제3조 제1항).

라. 사회복지공동모금회

사회복지공동모금사업을 관장하도록 하기 위하여 사회복지공동모금회를 두며(제4조 제1항), 이는 **사회복지법인**으로 한다(제4조 제2항). 모금회는 정관을 작성하여 **보건복지부장관의 인가**를 받아 **등기함**으로써 설립된다(제4조 제3항).

모금회는 다음의 사업을 수행한다(제5조).

① 사회복지공동모금사업, ② 공동모금재원의 배분, ③ 공동모금재원의 운용 및 관리, ④ 사회복지공동모금에 관한 조사·연구·홍보 및 교육·훈련, ⑤ 사회복지공동모금지회의 운영, ⑥ 사회복지공동모금과 관련된 국제교류 및 협력증진사업, ⑦ 다른 기부금품 모집자와의 협력사업, ⑧ 그 밖에 모금회의 목적 달성에 필요한 사업.

3. 식품기부법

가. 입법 과정

식품기부를 활성화하기 위하여 기부식품제공사업, 기부식품의 모집 및 제공, 기부식품의 무상제공 등 이에 필요한 사항을 정하고, 국가 및 지방자치단체가 필요한 지원을 할 수 있도록 하기 위하여 2006년

3월 24일 **식품등 기부 활성화에 관한 법률**(다음부터 '식품기부법'이라 한다)을 제정(법률 제7918호)하여 2006년 9월 25일부터 시행하였다.

나. 입법 목적

이 법은 **식품 및 생활용품**(다음부터 '식품등'이라 한다)**의 기부를 활성화**하고 기부된 식품등을 생활이 어려운 자에게 지원함으로써 사회복지의 증진 및 사회공동체문화의 확산에 이바지함을 목적으로 한다.

다. 식품등 기부 활성화 시책

국가와 지방자치단체는 식품등의 기부와 기부식품등 제공사업의 지원·장려 및 이용자 보호를 위하여 다음의 사항이 포함된 시책을 수립·시행하여야 한다(제7조 제1항, 영 제7조).

① 식품등 기부 종합정보시스템 구축·운영
② 기부식품등 제공사업 종사자 위생교육
③ 기부식품등의 지역 내 적재적소 제공
④ 그 밖에 식품등 기부 활성화를 위하여 필요한 사항.

국가와 지방자치단체는 제공자 또는 사업자에게 기부식품등 제공사업에 필요한 **운영비 또는 사업비**

의 **전부 또는 일부를 보조**할 수 있다(제7조 제2항).

국가, 지방자치단체 및 공공기관은 필요한 경우 보유하고 있는 **식품등의 일부를** 제공자 및 사업자에게 제공할 수 있다(제7조 제3항).

라. 사업자에 대한 감독 등

매년 제공하는 기부식품등의 장부가액이 **3억원 이상인 사업자**는 사업장 소재지를 관할하는 특별자치시장·특별자치도지사·시장·군수·구청장에게 반드시 **신고하여야 하지만**(제3조 제2항, 영 제3조), **3억원 미만인 사업자**는 신고하지 않아도 된다(제3조 제1항).

보건복지부장관, 시·도지사 또는 시장·군수·구청장은 제공자 또는 사업자가 선량한 관리자의 주의 의무를 위반하거나 기부식품등으로 인한 중대한 위생상의 위해가 우려되는 때에는 그 업무에 관하여 보고 또는 관계서류의 제출을 명하거나 소속 공무원으로 하여금 제공자 및 사업자의 사무소 또는 시설에 출입히어 검사 또는 질문하도록 하는 등 **지도·감독**을 할 수 있다(제10조 제1항).

마. 기부식품등의 모집 및 제공

사업자는 기부식품등의 모집 및 제공 과정을 투명하게 하기 위하여 기부식품등 모집과 제공에 관한 **장부를 비치**하여야 하고, **증빙서류를 작성하여 보관** 하여야 한다(제5조 제1항).

제공자 및 사업자는 기부식품등을 모집하거나 제공함에 있어서 **선량한 관리자로서의 주의의무**를 다하여 기부식품등을 안전하게 취급하여야 하고(제5조 제2항), 이용자에게 기부식품등을 **무상으로 제공**하여야 한다(제6조 제1항).[143]

---

143) 무상제공 원칙을 위반하여 기부식품등을 제공한 자는 **3년 이하의 징역 또는 3천만원 이하의 벌금**에 처한다(제12조).

참 고 문 헌

1. 한국 문헌

국민연금공단, 「국민연금 30년사」, 2017.

김성수, 「일반행정법」, 홍문사, 2018.

김영석, 「국제법」, 박영사, 2017.

김일룡, 「민사집행법강의」, 오래, 2018.

김준호, 「민법강의」, 법문사, 2018.

박균성, 「행정법강의」, 박영사, 2018.

박덕영, 「국제법 기본조약집」, 박영사, 2017.

박상기·전지연, 「형법학」, 집현재, 2018.

박승두, 「사회보장법 첫강의」, 신세림, 2016.

_____, 「사회복지법 첫강의」, 신세림, 2017.

_____, 「대법원판례 평석집: 대법원의 오늘과 내일」, 신세림, 2018.

보건복지부, 「2018 아동보호서비스 업무매뉴얼」, 2018.

성낙인, 「헌법학」, 법문사, 2018.

송덕수, 「신민법강의」, 박영사, 2018.

신섭중譯, 「국제사회복지」, 대학출판사, 1999(원저: James Midgley, *Social Welfare in Global Context*, Sage Publications, Inc, 1987).

양 건, 「헌법강의」, 법문사, 2018.

양형우, 「민법의 세계」, 피앤씨미디어, 2018.

양정하外, 「사회복지정책론」, 양서원, 2016.

여성가족부, 「2018년 한부모가족지원사업 안내」, 2018.

오 윤, 「세법원론」, 한국학술정보, 2017.

원형식, 「형법총론」, 동방문화사, 2018.

이상광, 「사회법의 발전과 과제」, ㈜중앙경제, 2018.

이주영, 「미국사」, 대한교과서(주), 1995.
이태로·한만수, 「조세법강의」, 박영사, 2018.
임승순, 「조세법」, 박영사, 2018.
임종률, 「노동법」, 박영사, 2017.
장영수, 「헌법학」, 홍문사, 2017.
전광석·박지순·김복기, 「사회보장법」, 신조사, 2018.
정영일, 「신형법총론」, 학림, 2018.
정인섭, 「신국제법강의」, 박영사, 2018.
정찬형, 「상법강의(상)」, 박영사, 2018.
최석현외, 「한국의 사회보험 쟁점과 전망」, 한울, 2017.
허 영, 「한국헌법론」, 박영사, 2018.
_____, 「헌법이론과 헌법」, 박영사, 2017.
홍정선, 「행정법원론(상)(하)」, 박영사, 2018.

2. 외국 문헌

加藤智章外, 「社會保障法」, 有斐閣, 2015.
高橋武, 「國際社會保障法の研究」, 至誠堂, 1968.
菊池正治外, 「日本社會福祉の歷史」, ミネルヴァ書房, 2003.
本澤巳代子·新田秀樹, 「トピック社會保障法」, 不磨書房, 2016.
副田義也, 「生活保護制度の社會史」, 東京大學出版會, 2014.
小島晴洋, 「社會保障法」, 信山社, 2014.
窪田準人·佐蘭進·河野正輝 編, 「新現代社會保障法入門」, 法律文化社, 2002.
清正 寬外 編, 「社會保障法」, 2000.
ILO, *Approaches to Social Security, An International Survey, Studies and Reports*, Series M, No. 18, Geneva : ILO, 1942.
Pieters, D., *Social Security: An Introduction to the Basic Principles*, Kluwer Law International, 2006.

2 0 2 0 년 대 비 사 회 복 지 사
핵심 사회복지법제론

초판인쇄 2019년 2월 8일   초판발행 2019년 2월 8일

지은이   박승두
펴낸이   이혜숙   펴낸곳   신세림출판사
등록일   1991년 12월 24일 제2-1298호

04559 서울특별시 중구 창경궁로 6, 702호(충무로5가, 부성빌딩)
전화 02-2264-1972   팩스 02-2264-1973
E-mail : shinselim72@hanmail.net

정가 18,000원

ISBN 978-89-5800-208-6, 03330

※ 이 책자는 저작권법에 의하여 보호받는 저작물이므로
   무단전재와 복제를 금지합니다.